KB040722

행복한
성공수업

꿈을 현실로 만들어주는 24가지 방법

행복한
성공수업

김민경 지음

바이북스
ByBooks

얼어붙은 땅 위에서도 꽃이 피듯이

추운 겨울 얼어붙은 땅 위에서도 서리와 눈을 두려워하지 않는 꽃이 있다. 바로 매화꽃이다. 내가 가장 좋아하는 꽃이기도 하다. 매화꽃이 지고 나면 매실나무의 열매가 열리는데, 우리가 차로도 마시고 음식에도 다양하게 활용하고 있다. 열매를 강조하면 매실나무라고 부르고 꽃을 강조하면 매화나무라고 부른다. 꽃이 피는 시기에 따라, 꽃의 색에 따라 이름을 다르게 부르는 셈이다. 이 매화꽃이 가지고 있는 의미가 있다. 매화꽃은 혹독한 겨울을 견디고 가장 먼저 봄을 알려주며, 향기롭고 아름다운 꽃이다.

성공한 사람이 빛나 보이는 이유도 매화꽃처럼 어려운 시간을 잘 견뎌냈기 때문이다. 성공과 실패의 경험들이 차곡차곡 쌓여서 나뭇가지에 열매가 달린다. 이렇게 풍성해진 열매들이 우리의 삶 안에서 다양한 역할을 한다. 새롭게 도전하는 마음과 어려움을 이겨내는 힘, 나눌 수 있는 기쁨을 불러일으킨다. 이 모든 것들은 나를 가치 있게 만들고 행복한 감정을 갖게 해준다. 얼어붙은 땅 위에서 꽃이 피듯 당신만의 귀한 꽃을 피우기를 바란다.

성공한 사람들을 보며 꿈을 꾸고, 그들의 성공 비결을 배우기 위해 여러 강연장을 찾아다닌다. 성공으로 가는 길은 좁은 일방통행길이다. 일방통행은 일정한 구간을 지정하여 한 방향으로 가도록 하는 일이라는 뜻이다. 생각 없이 어느 길로 들어왔다면 한참을 돌아가야 하지만 목적지가 뚜렷하다면 이 길은 지름길이 되기 마련이다.

우리는 원하든 원하지 않든 매 순간 선택을 한다. 그런데 선택에 많은 영향을 주는 것이 있다. 스스로 하는 생각이다. '지금 내가 막다른 길에 놓였다면 어떤 생각을 할 것인가? 어떤 선택을 할 것인가?' 사람들은 가로막힌 벽을 보면 지레 겁부터 먹는다. 불가능하다고 생각하며 뒷걸음질한다. 예상과 다르게 모래성처럼 쉽게 부스러지는 흙으로 쌓인 벽일 수도 있는데 말이다. 만약 밀리지 않는 벽이라 해도 계속해서 두드리면 길이 열릴 수 있다. 반복적으로 노력해본 경험들은 우리가 예측할 수 없는 일이 생겼을 때, 문제를 해결할 수 있는 능력의 밑바탕이 된다.

같은 상황에서도 다양한 생각을 하고 선택한다. 그 선택이 행동으로 이어져 결과에서도 확연한 차이가 나타난다. 우연한 기회에 행운의 선택을 하기도 하지만, 매번 행운이 따를 수만은 없다. 그러므로 다른 이에게 오는 행운을 부러워하지 않아도 된다.

문제가 발생했을 때 해결하는 방법을 아는 것이 중요하다. 그래야 원하는 목적지까지 더 빠르고 안전하게 도달할 수 있다. 실패가 두려워 어떤 행동도 하지 않는다면 아무런 기회도 변화도 없을 것이다. 생각을 행동으로 이끌어가기는 쉽다. 그러나 행동이 생각을 이끌어가기는 어렵다.

《멈추지 마, 다시 꿈부터 써봐》의 저자 김수영은 꿈을 이루는 과정을 상상하지 못한 새로운 세상에 눈을 뜨는 것, 누군가가 정해준 목표가 아니라 마음이 원하는 대로 자연스럽게 꿈을 향해 한 걸음 다가가는 것이라 했다. 수많은 갈림길에서 선택해야 할 때 마음이 이끄는 곳으로 하나씩 해나가고 지금 해보고 싶은 것을 하는 것이다. 어려운 문제가 생겼을 때, 자신이 지나온 시간 하나가 점이라고 하면 그것을 연결하여 스토리를 만들어가야 한다고 했다.

전적으로 동의한다. 나 또한 마음의 이끌림으로부터 해보고 싶은 일들을 실행하며 지금까지 왔다. 준비가 덜 되어 어려움을 겪을 때도 많았지만 결국 그런 실패의 흔적조차도 지금의 나를 만드는 데 필요했다는 사실을 알게 되었다.

자신이 생각하여 행동하고, 선택한 것들이 축적되며 삶이 된다.

한 사람의 성향은 스스로가 어디에 가치를 두는지에 따라 만들어지기 마련이다. 때로는 다른 사람에게 보이고 싶은 모습과 감추고 싶은 모습들이 있을 것이다. 좋든 싫든 내가 생각하고 느끼는 감정, 상황을 받아들이는 태도에 따라 한 사람의 성격과 삶의 패턴이 만들어진다.

유명한 사람이라고 해서 모두가 멋있게 느껴지지 않는다. 돈이 많다고 해서 성공한 사람이라고 인정받지는 않는 법이다. 내가 살아가는 삶과 나의 가치가 진정으로 일치될 때 우리는 이를 행복한 성공이라고 말한다. 이 책이 당신의 삶에서 진정한 성공과 행복의 기준을 만드는 데 도움이 되기를 바란다.

함부로 나를 판단하지 마라

현재 나타난 결과만으로 성공을 단정할 수는 없다. 지금까지 당신이 살아온 시간은 모두 훌륭했다. 처음부터 운이 좋은 환경에서 출발한 사람도 있지만, 열심히 노력을 해도 늘 제자리인 것 같다고 느끼는 사람도 있을 것이다. 심지어 이미 나는 안 될 거라 판단해버린 사람도 있다. 그러나 아직 속단하기는 이르다. 미처 발견하지 못한 당신의 자아를 실현하지 못했을 뿐이다. 마음속 깊은 곳에 당신만이 가진 가치가 숨겨져 있다. 아직 때가 오지 않아서일 뿐, 반드시 기회는 있다. 해보지도 않고 함부로 자신을 판단하지 말자.

〈도어 투 도어〉라는 영화가 있다. 난산과정에서 의사의 실수로 뇌성마비를 앓고 살아가는 빌 포터라는 인물의 이야기이다. 빌 포터는 어머님의 도움으로 특수학교가 아닌 일반 학교를 무사히 마칠 수 있었다. 구직센터 앞에 긴 줄을 선 그는 최고의 세일즈맨이 되기를 원했지만, 그를 원하는 회사는 하나도 없었다. 걷는 것도 불편하고 오른손도 쓸 수 없는 신체적인 조건으로는 취업을 해도 하루 이틀 만에 잘렸다. 그러나 그는 포기하지 않았다.

언젠가는 꼭 될 거라는 믿음으로 끊임없이 도전했다. 여러 번의 시도 끝에 어렵게 취업이 되었다. 그러나 판매 실적이 가장 나쁜 미국 서북부의 포틀랜드 주택가로 배정받았다. 기본급 없이 외판원으로 고용된 것이었다. 몸도 불편한 채로 본인보다 무거운 가방을 들고 집마다 문을 두드렸다. 물건을 팔고자 했으나 아예 보지도 않은 채 거절당하기 일쑤였다. 그럴 때마다 사람들이 물건을 사지 않는 것은, 다름 아닌 그들에게 필요한 것이 아니었기 때문이라고 생각했다.

빌 포터는 하루도 빠지지 않고 8시간 이상의 거리를 다녔다. 고객에게 맞는 제품을 판매하기 위해 많은 공부를 했다. 그는 자신의 부족함이 다른 사람보다 조금 더 눈에 띌 뿐이라고 생각했다. 시간이 흘렀고 조금씩 사람들에게 신뢰를 쌓아갔다. 노력한 결과, 그는 왓킨스 프로덕트의 최고 판매왕이 되었다. 그가 성공할 수 있었던 바탕에는 긍정적인 생각과 잘될 거라고 믿는 마음이 있었다. 이후 그의 성공담은 영화, 강연을 통해 많은 사람에게 전달되었다.

그는 말했다. 누구에게나 부족한 부분은 있기 마련이다. 인생에서 멈춤이란 없다. 앞으로든 뒤로든 계속해서 나아가야 한다. 긍정적인 생각은 그를 행동으로 이끌었고, 성실한 태도는 그에게 기회를 가져왔다.

우리는 스스로가 가진 단점이나 어려운 환경 때문에 쉽게 포기를 하려고 한다. 물론 편안한 환경보다 조금 더 노력해야 하는 불편한 부분도 분명히 있을 것이다. 하지만 어려움 속에는 기회라는 열쇠가 있다. 기회의 키를 발견하기 위해서는 단점으로 보이는 부분들을 솔직하게 인정하고 받아들여야만 한다. 단점을 보완하면 강점이 되고, 장점을 뒤집으면 약점이 되기도 한다. 모든 일이 좋기만 할 수도 나쁘기만 할 수도 없다는 것이다.

대부분의 성공한 사람들은 자신이 불편하게 느끼는 부분들을 보완하면서 성장한 사람들이다. 사람은 태어나면서 어떠한 경우라도 자신만의 고유한 씨앗을 품기 마련이다. 내가 어떻게 물을 주고 가꾸는가에 따라 달라진다. 튼튼한 나무가 되기도 하고 화려한 잎을 자랑하는 나무가 되기도 한다. 잘 자라던 나무도 다음 계절을 맞이하기 위해 멈춘다. 이때 죽었다고 생각하고 물도 주지 않고 둔다면, 멈춘 채로 말라버리게 된다.

키우던 고무나무의 풍성하던 잎이 우수수 떨어졌다. 마지막 잎새도 아니고 하나의 잎만 남은 채 앙상한 가지만 남았다. 그래서 나무가 죽은 줄 알았다. 혹시나 하고 나무줄기에 매일 물을 뿌려주었다. 흙 안을 만져서 말라 있으면 물도 주었다. 그러자 새순이 올라왔다. 그러나 나의 노력에도 불구하고 또 한 번 위기가 왔다.

포기하지 않았고, 방법을 바꿔보았다. 갑자기 온도가 떨어지는 것을 예방하기 위해 밤에 퇴근할 때는 신문으로 덮어주었다. 낮에는 히터로 건조해지는 잎과 나무줄기에 자주 물을 뿌려주었다. 다시는 살아나지 않을 것 같은 나무에도 정성과 노력을 다하다 보니 현재까지도 건강하게 잘 자라고 있다.

에디슨은 1%의 영감과 99%의 노력이 천재를 만든다고 했다. 나도 이 말에 동의한다. 학교에서 첫 시간 학생들을 만날 때면 꼭 강조하는 부분이다. "여태까지 잘하지 못한 사람이어도 괜찮아요. 1학년 때 포기해서 못했던 사람도 괜찮아요. 조금 이해가 늦는 사람도 있어요. 그렇다고 그 사람이 못한다고 단정지을 수는 없어요. 옆 친구보다 배움의 속도가 늦어지는 거 같다고, 자신을 못한다고 생각하고 판단하지 마시기 바랍니다. 잘하고 못하고는 단지 이해를 빨리 하느냐 늦게 하느냐의 차이예요. 우리 수업 시간 동안 못한다는 부정적인 말은 금지어로 정합니다."

아직 자신을 판단하기는 이르다. 지금까지의 나의 모습을 타자의 눈으로 바라보며 객관화시키는 것이 좋다. 자신을 정확하게 아는 것

행복한 성공수업

만으로도 성공적인 시작이다. 그다음 내가 원하는 삶으로 가기 위해 어떤 부분을 보완하고 강화하는 게 좋은지, 그 꿈을 이루기 위해 필요한 부분들은 무엇인지 체크리스트를 작성해보자.

가장 먼저 당신이 생각해야 할 부분은 당신이 어떤 삶을 원하는지 탐색하는 것이다. 원하는 삶을 위해 필요한 것을 종이에 적어 재정비하는 시간을 가지기를 바란다. 봄이 올 것이라는 희망을 품고 노력한다면, 반드시 아름답고 향기로운 인생의 꽃이 핀다. 현재 당신의 삶이 어렵고 힘들더라도 잘 견뎌내기를 바란다. 어려움 속에 당신이 꿈꾸던 행복한 성공을 열 수 있는 열쇠가 숨겨져 있을 것이다. 다시한 번 용기를 낸다면 충분히 당신이 원하는 행복한 성공을 이룰 수있을 것이다.

차례

chapter 2
스마트하게 목표를 이루기 위해 필요한 기술

chapter 3
습관은 최고의 변화를 일으킨다

chapter 4
행복한 성공을 위해 마음가짐을 바꿔라

chapter 1

행복한 성공을 위해
이렇게 시작하라

누구에게나 오는
기회를 놓치지 마라

누구에게나 기회는 온다. 그러나 그 기회를 알아차리기가 어렵다. 어떤 일을 선택해야 할 때 '나는 못할 거 같아' '나는 뭘 해도 안 될 거야'라고 생각하며 자신을 비하하는 유형의 사람이 있다. 또 다른 유형으로 누가 봐도 어려운 일들을 많이 겪는데도 불구하고 스스로에 대한 믿음을 가지고 오뚝이처럼 일어나는 사람이 있다. 이처럼 사람들은 매우 작은 일조차도 못할 거라고 단정 지어 생각하기도 하고, 때로는 아주 큰일을 겪어도 별일 아닌 사소한 일처럼 흘려버리기도 한다. 이러한 차이는 본인이 어떻게 생각하는지에 따라 달라지고, 하는 일과 삶에도 많은 영향을 미치기 마련이다.

우리는 부정적인 감정 속에 어떤 목표실현이 불가능하다고 생각하며 자신을 합리화하는 경우가 많다. 내 주위 환경은 이래서 불가능하고, 목표를 이룬 사람을 보면 저 사람은 돈이 많아서 잘되겠지, 성공한 사람은 머리가 좋겠다며 자신이 아닌 다른 이유를 찾는다. 큰 성공을 이룬 사람들은 성공을 위해 긍정의 힘이 필요하다고 말한다. 사실 누구나 다 알고 있는 말이다. 긍정적인 생각이 좋다는 것을 모르는 사람은 없다. '긍정적인 생각을 쉽게 할 수 있었다면 나도 하겠지'라고 생각하며 선을 긋는다.

자신이 만든 조각상을 실제로 사랑하게 된 피그말리온이라는 조각가가 있다. 그에 대한 신화에서 유래된 피그말리온 효과라는 용어가 있다. 스스로 긍정적인 생각과 기대를 갖고 관심을 두는 것들이 실제로 나에게 좋은 영향을 미치는 효과가 있다는 의미이다. 할 수 있을 것 같다는 기대와 믿음을 가지면 내가 기대하는 방향으로 행동하도록 영향을 주고받게 된다. 그 기대에 따라 성취할 수 있도록 결과가 나타나기 마련이다.

중대한 결정을 잘해야만 원하는 삶으로 바꿀 수 있는 것은 아니다. 아주 사소한 결정들이 쌓여서 변화가 일어난다. 개인이 잘되는 것도 좋다. 그러나 다른 사람에게 좋은 영향을 줄 기회를 만들어야 더 큰 성공을 할 수 있다.

그러려면 먼저 내가 좋은 사람이 되어야 한다. 그래야 나를 돕는 좋은 협력자들을 만날 확률도 높아지기 때문이다. 좋은 에너지를 가진 서로 다른 두 마음이 만나 연합을 이루면 특별한 힘이 생긴다. 이 힘은 꿈의 한계를 넘어 당신의 운명을 바꿔줄 수 있다.

공짜 행복은 없다

어릴 적 부정적인 감정을 많이 느꼈다. 늘 도전보다 포기가 빨랐다. 어느 순간부터 주변의 어른들로부터 "너는 커서 뭐가 되려고 그러니?"라는 말을 참 많이 들었다. 그래도 새롭게 도전하려고 마음을 먹지만 또다시 두려운 마음이 앞서면서 온몸의 힘이 빠졌다. 늘 악순환의 연속이었다.

미용을 시작하면서 긍정적인 경험을 했다. 그 덕분에 발전하고자 하는 마음들이 생기고 용기를 얻었다. 유명한 헤어디자이너가 되는 상상을 하며 꿈을 꾸었다. 기대 가득한 마음으로 무작정 서울로 올라왔지만, 현실은 꿈처럼 즐겁지만은 않았다. 힘든 날들의 연속이었고, 포기하고 싶은 순간도 많았다. 그 순간마다 나를 응원해주는 사람들, 서울에 취직해서 열심히 배우고 있다고 믿고 있을 우리 부모님, 엄마의 못다 한 꿈을 이뤄주겠다고 큰소리치고 올라온 장면들이 파노라마처럼 스쳐 지나갔다.

처음 미용을 배울 때 선생님이 나에게 카멜레온 같다고 해준 말한마디가 생각났다. '그래! 한번 해보자.' 의식적으로 긍정적인 생각들을 더 많이 떠올렸다. 시간이 흐를수록 차츰 긍정적인 생각들이 마음속에 뿌리내렸고, 내가 무엇을 원하는지 알게 되었다. 꿈꾸던 바가 실현될 때까지 끊임없이 노력했다.

도전해서 꼭 성공한다는 보장은 없다.

아무것도 결정된 것은 없다.

스스로가 남들보다 배움이 늦어지는 것 같아

못한다고 생각하며 판단하지 말자.

받아들이는 이해의 속도 차이가 있을 뿐

결과는 끝까지 도전해봐야 알 수 있다.

계획했던 일들이 완벽하게 이루어지지는 않았다. 중간에 변경된 사항들도 있었지만, 결과는 내가 원하는 소망에 더 가까워졌다. 무엇보다도 가장 중요한 사실은 20년이 넘는 지금까지도 누군가의 아름다움을 만들어주는 일을 하고 있다는 것이 너무 행복하고 보람되다는 것이다. 막연하게 꿈꿔왔던 소망이지만 뚜렷한 신념을 가지고 있었기 때문에 원하는 목적지까지 잘 도착할 수 있었다.

《생각하라 그러면 부자가 될 것이다》의 저자 나폴레온 힐은 부자가 되겠다는 내 생각이 나의 소망과 조화를 이룰 때 커다란 재산으로 이어진다고 했다. 많은 심리학자들은 진정으로 내가 원하는 일을 계획하고, 그 준비가 되어 있다면 반드시 그 모습이 드러난다고 한다. 내가 하는 생각은 또 하나의 나만이 가지는 고유한 재산이다. 눈에 보이지는 않지만, 그 생각으로 만들어진 나의 가치는 돈으로 환산하기조차 어렵다. 한 사람의 신념으로 자리 잡은 가치가 인생의 기반이 되어 큰 자산이 된다.

우리 마음의 한계는 자신이 만든다

성공에 대해 사람들마다 다양한 생각을 갖고 있다. 어떤 사람은 돈을 많이 벌어 부자가 되는 것을 성공이라고 한다. 또 다른 사람은 이름을 알리는 것이라 생각하고, 유명한 운동선수나 훌륭한 학자 또는 연예인이 되는 것 등 성공의 기준은 모두 다르다. 성공하고 싶다면 먼저 당신이 바라는 것이 무엇인지 분명해야 한다. 대부분의 사람은 막연하게 성공에 대한 꿈을 꾼다. 그러나 명확한 목표가 없는 꿈은 이루어질 수 없다.

당신은 어떤 삶을 살고 싶은지, 무엇을 위해 나아가고 싶은지, 돈을 벌고 싶다면 얼마를 원하는지 분명하게 말할 수 있어야 한다. 사람들은 행복해지기를 원하지만 어떻게 해야 스스로가 행복하다고 느낄지는 상상조차도 하지 않는다. 스스로 아주 먼 이야기처럼 생각하고 강물이 흘러가듯 하루하루를 보내는 셈이다. 그러나 성공한 사람들은 다르다. 자신이 원하는 것이 명확하다. 그러니 지금도 늦지 않았다. 당신이 원하는 것이 무엇인지 알게 될 때, 그 순간이야말로 당신에게 성공할 기회가 찾아온 것이다.

자신이 추구하는 삶의 방향과 라이프스타일, 하고 싶은 일을 적어보자. 명확하게 원하는 것을 찾기 어렵다면 적어놓은 리스트 중에 공통되는 부분들을 찾자. 그 공통 부분에는 반드시 이루고자 하는 목적이 있을 것이다. 목적에 가치를 더할 때 인생은 더욱 풍요로워질 것이고, 삶도 운명도 당신이 원하는 대로 바뀌게 될 것이다.

도전한 일들이 성공하면 더욱 좋겠지만 실패하더라도 괜찮다. 왜냐하면 실패에서도 얻을 부분이 반드시 있기 때문이다. 이미 지나간

어제는 되돌릴 수 없다. 우리가 살아가는 동안 단 한 번만이라도 자신을 온전히 믿어보는 것만으로도 굉장한 의미가 있다. 안 될 일에 대해 먼저 생각하지 말자. 설령 부정적인 생각이 들었더라도 처음 꿈꾸고 설레었던 모습을 떠올리며 상상해보자. 자신을 믿고 도전해보자.

잠시 책 읽기를 멈추자. 그리고 비어 있는 책의 공간 그 어디라도 좋다. 간단하게라도 내가 원하는 삶과 나의 생활환경, 하고 싶은 일을 그곳에 적어보자. 이 시간을 통해 진정으로 당신이 원하는 방향만 찾는다면 성공적인 시작이 될 것이다. 이 책이 당신의 인생에서 자유롭고 행복한 성공을 위한 방향을 찾는 나침반이 되기를 희망한다.

소망

진정으로 원하는 소망은
반드시 이루어진다

너의 꿈은 무엇이니? 어떤 사람이 되고 싶니? 무수히 많이 들어본 말이다. 꿈을 꿀 때 흔히 TV에 등장하는 유명한 사람, 존경받는 직업들을 보면서 롤 모델로 삼는다. 좋아 보여서 시작해본 일들이 나의 주위 환경에 따라 가능하게 느껴지기도 하고 어렵게 느껴지기도 하며 감정의 동요를 느낀다. 특히 어렵다고 느껴지면 노력해보기도 전에 꿈에 대한 기대감도 금방 사라진다. 설령 시작하게 되었더라도 금방 포기하는 패턴으로 이어지기 쉽다. 그 이유는 자신이 무엇을 바라고 어디까지 성장하고 싶은지 정확하게 파악하지 못했기 때문이다.

서울대학교 행복연구소에서 참가자를 대상으로 자신이 좋아하는 것과 싫어하는 것에 대해 1분 동안 자유롭게 적어보는 연구를 진행했다. 그 결과 행복감이 높은 사람일수록 좋아하는 것이 더 많았고 구체적이었다. 그들은 하고 싶은 일들이 명확하기 때문에 관심도 높았던 것이다. 반면 행복감이 낮은 사람은 싫어하는 것들이 명확하고 많았다. 그렇다고 좋아하는 것이 없는 것은 아니었지만, 싫어하는 것을 피하고자 더 많이 신경을 써야 하므로 늘 근심 걱정이 많을 수밖에 없었다.

누군가가 당신에게 "음악을 좋아하세요?"라고 질문을 한다면 어떻게 대답할지 생각해보자. 여기에서 약간의 차이가 있다. 행복감이 낮은 사람일수록 단순하게 답한다. "음악을 듣는 것을 좋아해요"라고 말한다. 반면 행복감이 높은 사람은 주로 이렇게 답을 한다. "음악을 듣는 것도 좋아하지만 직접 악기를 연주하는 것도 좋아해요. 음악은 장르를 가리지 않으나 클래식 음악을 좋아합니다. 비가 오는 날에는 카페에 앉아서 재즈 음악을 들으며 창밖을 보면서 커피 한잔할 때가 가장 행복해요." 행복감이 높을수록 구체적으로 표현하는 것이다.

사람의 마음에는 긍정적인 힘과 부정적인 힘이 양립한다. 하지만 두 가지 마음을 동시에 쓸 수는 없다. 바다 위에 치는 파도를 생각해 보자. 크기가 다른 두 개의 파도가 있다면 큰 파도의 물결은 작은 파도를 덮어버리게 된다.

즉, 마음속에 떠오르는 무수한 생각 중에서 더 큰 비중을 차지하고 있는 생각은 조금 덜 생각하는 쪽을 멈추게 하는 파급력을 발휘하게 된다. 무엇이든지 내가 더 많이 생각하는 것이 그렇지 않은 쪽을 덮어버리게 된다.

잃어버린 나의 꿈

어디선가 음악 소리가 들렸다. 그 소리의 정체가 무엇인지 궁금했다. 소리를 따라 걸어간 곳은 피아노 학원 앞이었다. 문 앞에 쪼그리고 앉아 한참 동안 피아노 연주를 들었다. 나도 한번 해보고 싶었다. 신이 나서 집으로 달려갔고 엄마를 졸라 피아노 학원에 다니게 되었다. 여섯 살, 처음으로 피아니스트가 되고 싶은 꿈을 꾸었다.

음악은 마음을 알아주는 가장 친한 친구이자 나의 유일한 자유였다. 음악만 하고 싶었다. 그러나 부모님은 공부하면서 음악은 취미로 하기를 바라셨다. 초등학교 때 학교 대표로 뽑힌 적도 있었지만, 부모님과의 갈등 속에 음악학원을 다녔다 그만두기를 반복했다. 그러던 어느 날 나보다 더 피아노를 잘 치는 친구들이 많아졌다는 사실을 깨닫게 되었다. 점점 자신감을 잃어버렸고 그 꿈을 발전시키지 못했다. 그렇게 어린 시절 나의 꿈은 이루어지지 않았다.

생일이 빨라 초등학교에 일찍 들어갔다. 혹시나 수업을 못 따라갈까 봐 바쁜데도 불구하고 엄마는 매일 나를 앉혀놓고 똑같은 문제집 두 권을 사서 반복 또 반복해서 공부시켰다. 그 덕분에 학교에서 보는 첫 시험에서 1등 상을 받았다. 그런데 상을 받는 경험이 재미있고 즐거웠다고 느꼈을까? 안타깝게도 엄마의 노력으로 만들어진 것이지 나의 선택은 아니었다.

나의 마음속에 공부는 성취의 재미보다 강압적인 이미지로 각인되어 있었다. 점점 흥미를 잃어갔다. 어려운 문제가 생기면 열심히 문제를 풀기보다 빠른 포기를 선택하였다. 주변에 잘하는 사람이 보이면 점점 자신감도 떨어졌다. 그렇게 공부는 재미없는 것으로 생각하고 공부와는 거리가 점점 멀어졌다.

사람들은 각자의 성향이 다르다. 아무리 좋은 일이라 하더라도 재미있다고 느끼는 요소들은 다양하기 때문에 모두가 똑같이 재미를 느낄 수는 없다. 우리가 어떤 선택을 하고 행동으로 옮길 때 이성적으로 생각하고 시작한다. 하지만 그 일에 대해 스스로가 느끼는 감정을 포함하여 판단하게 된다. 어떤 선택을 내릴 때는 이성적, 감성적인 판단이 모두 있다. 그러나 어떤 판단을 할 때는 이성적인 생각보다 감성적인 느낌이 더 큰 영향을 미치기 마련이다.

재미가 마음을 움직인다

사람의 마음을 움직이게 하는 것은 재미이다. 아무리 좋은 것이라도 어렵고 힘들고 귀찮은 것들은 재미가 없다고 느낄 수밖에 없다. 설혹 재미있다 하더라도 익숙함을 넘어서는 상황이 생기지 않으면 지루함을 느끼기도 한다. 우리가 재미있다고 느끼는 때를 떠올려 보자. TV 프로그램에서 예능이나 코미디 프로그램의 우스운 장면들, 공포영화를 볼 때, 따뜻하고 감동적인 장면을 볼 때 등이 있다. 몰랐던 것들을 알아가게 될 때, 경쟁하면서, 어떤 감정을 느끼고 마음을 움직이는 데 성공하면 재미를 느끼게 된다.

재미라는 요소를 사용해서 사람의 행동을 바꾼 한 가지 사례가 있다. 독일의 자동차 회사인 폭스바겐에서 기획한 공익캠페인으로, 그중에 피아노 계단 사례가 널리 알려져 있다. 지하철에서 밖으로 나가기 위해 계단을 올라가야 하는데 편리한 에스컬레이터와 계단이 있다고 하자. 당신은 어느 쪽을 이용하겠는가? 에너지 효율을 낮추기 위해 폭스바겐 측은 계단을 권장했지만 대부분 편한 에스컬레이터를 선호했다.

폭스바겐 측에서 재밌는 아이디어를 냈다. 계단을 피아노 건반처럼 칠하고 선을 연결하여 피아노 소리가 나도록 설치하였다. 계단을 오를 때마다 피아노 소리가 나자 사람들은 관심을 보였다. 이후 폭스바겐에서는 계단을 바꿔서 전과 후의 이용 패턴을 분석하였다. 그 결과에서 평소보다 66% 더 많은 사람들이 계단을 이용하게 되었다는 결과를 얻을 수 있었다.

진정으로 원하는 소망이 명확할 때
자신이 어떤 방향으로 나아가야 할지,
더 중요한 우선순위를 정할 수 있다.
재미있는 일은 마음을 움직여
꿈을 이루는 출발점이 된다는 것을 기억하자.

행복한 성공수업

그로 인해 계단을 이용하는 것만으로도 친환경을 위한 일에 동참하게 되고, 지구를 보존할 수 있는 의미도 찾게 된 것이다.

이처럼 흥미와 즐거움을 통해 의미는 더 강력하게 작용한다. 먼저 어떤 일에 재미와 흥미를 더해줄 수 있는지 찾아야 한다. 재미를 느끼기 위해서 우리는 새로운 과정을 배우는 것이 필요하다. 그래야 마음을 움직이고 행동으로 이끌어갈 수 있는 동기가 생긴다.

내가 재미있다고 느끼고 원하는 것이 무엇인지 생각해 보아야 한다. 누군가의 말이나 자신이 진정 원하는 것도 아니면서 사람들에게 대중적으로 호감을 사는 일들에만 맞춰가고 있는 경우도 많다. 지나간 시간을 떠올리며 내가 재밌었던 장면이나 하고 싶었던 것들을 떠올려 보자. 그다음 종이에 적어보자. 단순히 재밌다고 감정으로만 지나치지 말고 내가 어떤 부분에서 재미있어 하는지, 내가 배우고 싶었던 것들은 어떤 것인지 적어보면 나를 알아가는 데도 훨씬 도움이 된다.

내가 정말 원하는 것은 무엇인가?

미용이라는 직업을 선택했지만 '진정 내가 원한 것일까' '나는 어떤 인생을 꿈꾸고 있는가' 하는 의문이 들었다. 어린 시절을 회상해보았다. 현재 이루려고 도전하는 꿈도 중요하지만, 그 일이 진정으로 원하는 것인지 확인이 필요했다. 마음속에 있었던 꿈들을 떠올렸다. 어린 꼬마가 뜨개방에 모인 아주머니들 사이에 앉아 뜨개질하던 모습, 피아노 연주하던 모습이 떠올랐다. 현재 하는 일에 좇기다 보니 잊어버리고 있었다. 그러다 문득 초등학교 2학년 때 TV에 나온 조지 윈스턴의 연주를 보고 감동하였던 장면이 스쳐 지나갔다.

조지 윈스턴은 1980년부터 활동한 현대에 가장 유명한 피아니스트이다. 우리가 〈캐논 변주곡〉으로 알고 있는 요한 파헬벨의 작품을 변주곡으로 편곡한 피아니스트이다. 그중 〈December〉 앨범을 가장 좋아한다. 여기에 수록된 〈Thanksgiving〉은 내가 가장 좋아하는 연주이기도 하다. 아마 제목을 몰라도 선율을 듣는다면 어디선가 한 번쯤은 들어봤을 곡이다. 세상을 잘 모르는 어린아이였지만 음악을 통해 위로받았다. 음악은 참 신기한 매력이 있다. 음악은 2분, 3분밖에 되지 않는 시간 동안에 사람의 감정을 바꿔놓는 마법을 부린다.

어린시절 생각이 떠오르는 순간 근처 피아노 학원을 등록했고, 뜨개실을 구입했다. 처음에는 배운다는 자체만으로 기대되고 즐거웠다. 그러나 꿈꾸던 즉흥연주를 하기에는 연습 시간도 부족하여 목표하는 바를 현실적으로 이루기 어려웠다. 또다시 고민에 빠졌다. 지금 하는 일도 좋지만 진짜로 원하는 방향은 어떤 것이었는지 찾고 싶은 욕구는 더 강해졌다. 우연히 다양한 가상 악기를 원하는 대로 선택해

행복한 성공수업

곡을 만들어내는 미디어 작곡이라는 분야를 알게 되었다. 몰랐던 분야를 찾은 것만으로도 너무 즐거웠다.

작곡학원을 등록했다. 원하는 음악을 만들 수 있다는 기대가 생겨 열심히 배웠다. 그러나 꿈을 위해 해야 할 일들이 많다 보니 작곡에 집중할 시간은 턱없이 부족했다. 배우는 것을 이어가기가 어렵게 되어 중단하게 되었지만, 다시 꼭 할 것이다.

하고 싶은 모든 일을 당장에 할 수 없지만, 음악은 나에게 삶의 휴식이고 친구였음을 알게 되었다. 원하는 일이 분명하더라도 현재 자신의 상황과 맞아야 계속해서 발전해갈 수 있다. 진정으로 원하는 꿈을 위해 어떤 방향으로 나아가야 할지 알고 있기 때문에 더 중요한 일에 우선순위를 둘 수 있다. 여기서 중요한 사실은 진정으로 원하는 소망이 명확할 때 비로소 꿈을 이루는 출발선에 서게 된다는 것이다.

생각

생각의 각도를 바꾸면
원하는 삶을 살 수 있다

한 사람의 성격은 주변 환경에 의해서 많은 영향을 받는다. 성격이 모난 사람들을 보면 환경이 좋지 않아서라고 단정 짓기도 한다. 그런데 주위 환경보다 더 영향을 미치는 것이 있다. 그건 바로 생각이다. 사람들은 불가능하다는 생각에 빠져 부정적인 감정으로 자신을 합리화할 때가 있다. 주위 환경이 나빠서, 돈이 없어서, 머리가 나쁘다며 안 되는 이유를 자꾸 찾는다. 그러나 성공을 이룬 사람들은 긍정의 힘이 필요하다고 한다. 긍정적인 생각이 좋다는 것을 모르는 사람은 없다. 다만 '그렇게 쉬운 일이라면 나도 했겠지'라고 생각하며 자신과 선을 긋는다.

책《성공하는 사람은 생각이 다르다》에서 저자 김양호 박사는 적극적인 사고는 불가능을 가능으로 바꾸어준다고 역설한다. 사람의

행복한 성공수업

두뇌에는 약 1,400억 개의 세포가 있다. 우리는 평생 그중 3% 정도만 사용한다. 그 이유는 자신의 가능성을 믿지 않고 소극적인 사고를 하기 때문이다.《생각을 바꾸면 모든 것이 변한다》의 저자 제임스 앨런은 생각은 현상을 비추는 거울이라고 했다. 거울의 면이 깨지거나 울퉁불퉁해지면 사물을 정확하게 볼 수 없듯이, 생각이 완벽한 균형을 이루고 있지 않으면 올바른 판단과 행동을 하지 못하게 된다. 자기 생각, 자신의 의견에 대해 책임을 지는 습관을 지니면 정확한 사고를 하는 힘이 생긴다. 이러한 습관이 순간의 선택을 해야 할 상황에서 최선의 판단을 빠르게 할 수 있게 도와준다.

식사 메뉴를 고를 때, 지나가다 마음에 드는 옷이 눈에 띌 때 등 우리는 하루에도 여러 차례 선택을 하면서 살아간다. 때로는 그 선택으로 인해 큰 책임을 져야 할 때도 있다. 목표가 커지면 두려움도 커지는 것은 당연하지만, 마음의 균형이 깨지면 성공에 가까워지기는 어렵다. 균형을 잘 잡기 위해서는 신념이 뒷받침되어야만 한다. 신념은 당신의 생각으로 만들어지고, 긍정적인 생각이 좋은 선택을 하도록 해준다. 그러기 위해서는 유연한 사고를 하는 습관을 만들어야 한다. 이런 태도는 스스로가 가진 잠재 능력을 잘 발휘할 수 있도록 도와준다. 긍정적으로 생각의 각도를 약간 바꿔보는 것만으로도 당신이 원하는 삶의 방향으로 가게 될 것이다.

긍정적인 생각이 좋은 변화를 일으킨다

하루 중 일어나는 어떤 일들에 대해 우리는 무수히 많은 생각을 하고 살아간다. '이건 이런 거 같은데, 저건 저런 거 같은데'라고 생각에 꼬리를 물며 또 생각하기 마련이다. 옛날 어른들이 하던 말씀이 문득 스쳐 간다. "오만 가지 생각을 다 하네." 우리가 흔하게 사용하기도 하고 듣기도 했던 말이다.

미국의 심리학자 셰드 햄스테터 박사는 사람은 하루에도 오만 가지 생각을 한다고 했다. 그의 연구에서 뜻밖의 흥미로운 연구 결과를 제시했다. 하루 동안 우리가 하는 생각의 85%가 부정적인 생각이고, 긍정적인 생각은 고작 15%밖에 안 된다는 것이다. 이 결과를 통해 알게 된 것은 대부분 사람은 부정적인 생각을 더 많이 하고 살아가고 있다는 사실이다. 긍정적인 생각을 하는 사람은 특별한 유전인자가 있으리라 생각했으나 예상을 빗나갔다. 그들도 다만 하루하루 부정적인 생각들과의 사투 속에서 열심히 살아가고 있을 뿐이었다.

사람의 뇌는 동시에 두 가지 반대되는 감정을 느낄 수 없다. 긍정적이든 부정적이든 우리의 의식은 항상 무언가로 채워져 있기 때문이다. 기분이 나쁜 상황에서 동시에 기분이 좋아질 수 있는지, 기분이 좋은 상황에서 동시에 나빠질 수 있는지 생각해보면 알 수 있다.

행복한 성공수업

부정적인 생각을 하는 동안에는 즐거운 일이 일어날 수 없다. 생각을 대체하는 기술을 활용할 필요가 있다. 이처럼 우리는 한 번에 한 가지 생각만 할 수 있기 때문에, 행복한 삶을 원한다면 현재의 부정적인 생각을 밀어내야 한다. 비워낸 자리를 긍정적인 생각으로 채워야 한다.

내가 못한다고 생각하는 동안에는 즐거움보다 두려움이 커진다. 그러나 잘할 수 있다고 생각하는 동안에는 희망이 커진다. 빠른 시간에 효과를 보고 싶다면 이미 일어난 일에 많은 생각을 하기보다 현재 상황을 판단하여 받아들이는 것이 좋다. 그다음 일어난 일에 대해 앞으로 어떤 방향으로 가면 좋을지에 대한 해결방안에 대해 집중하는 것이 중요하다. 누구나 마음속에 하나의 감정을 담을 수 있다. 자신의 선택에 따라 긍정이든 부정이든 하나의 생각이 자리 잡게 되는데, 생각에 대한 결정권과 선택권은 오직 자신에게 있다. 무수히 떠오르는 생각들을 컨트롤하여 유연하게 활용할 수 있다면, 당신이 가꾼 생각들은 당신을 원하는 삶의 방향으로 이끌어주고 반드시 좋은 변화를 불러들일 것이다.

생각은 결국 운명이 된다

가능하면 부정적인 생각을 하지 않으려고 노력한다. 학창시절 선생님으로부터 칭찬 한마디에 꿈을 꾸었고, 인생의 새로운 세계가 열렸다. 그렇게 해서 깨닫게 된 사실은 지금까지 걸어온 길을 돌아볼 때 내가 생각했던 대로 삶이 흘러왔다는 것이다. 현재 자기 삶이 만족스럽지 못했다고 하더라도 괜찮다.

과거의 생각은 중요하지 않다. 지금 이 순간부터 하는 생각이 당신이 꿈꾸는 방향으로 안내해 주는 나침반이 되어줄 것이다. 자신을 의심하지 말고 마음 깊숙한 곳에 집중해보자. 소박했던 생각들이 꽃의 씨앗이 되어 싹 트고, 잎이 한 겹, 두 겹 쌓이고 쌓여, 꽃봉오리를 만든다. 어느 순간 생각한 것보다 훨씬 아름다운 꽃으로 만개하는 당신이 되어 있을 것이다.

> 생각은 곧 말이 되고, 말은 행동이 되며, 행동은 습관으로 굳어지고, 습관은 성격이 되어 결국 운명이 된다.
>
> 찰스 리드

이 문구를 좋아한다. 말 한마디에 천 냥 빚도 갚는다는 속담처럼 우리의 뇌는 사람이 하는 말에 98%나 지배받는다. 말은 사람이 살아가는 동안 엄청난 영향을 주기도 하고 받기도 한다. 또한 누군가의 말 한마디로 감정의 변화를 겪게 되기도 한다. 그로 인해 생각에 변화가 생기면 삶의 많은 부분에도 영향을 미친다.

심리학자 비고츠키는 언어는 사고를 가능하게 해주고 행동을 규제해준다고 한다. 어릴 때 자신의 마음속에 있는 생각을 말로 표현해야 한다. 입 밖으로 내뱉고 표현한 말은 성장 과정을 안내하는 역할을 하며, 어른이 되면서 한 사람의 내면 안에 신념으로 자리 잡게 된다. 예를 들어 책을 읽거나 영화를 보게 될 때 그 당시 일시적인 재미로 끝나는 경우가 많다. 하지만 영화나 책의 내용에 대해 인상 깊었거나 느낀 점을 주변 누구에게라도 말로 설명하거나 글로 남기게 되면, 오랫동안 기억 속에 남게 된다.

주변에 이야기하는 것이 어렵다면 글로 남기는 습관을 갖는 것도 좋다. 사소한 부분처럼 보이지만 말로 표현한 내용은 되돌아와 내 기억 속에 자리 잡게 된다. 나의 경우에도 긍정적인 경험을 통해 생각의 변화가 일어났다. 긍정적인 생각을 통해 좋은 말을 많이 하려고 노력하면서, 나의 성격도 변화되었고 또 다른 나의 모습을 발견하게 되었다.

칭찬은 진심으로 해야 한다

"칭찬은 고래도 춤추게 한다"는 말처럼, 누군가에게 칭찬하는 것도 칭찬받는 것도 서로에게 굉장한 에너지로 작용한다. 증오심 또한 학습을 통해 더 발달한다는 많은 연구 결과들이 있다. 장애인을 가르치는 크리스 얼머는 사랑도 학습을 통해 발달할 수 있다고 하였다.

매일 10분의 칭찬을 한 결과 놀라운 변화가 생겼다. 학생들은 서로의 칭찬으로 타인의 기쁨을 자신의 기쁨으로 느끼기 시작했고, 친구들을 뒤에서 헐뜯지 않고 함께 일하는 방법을 배웠다.

우리가 생각하는 아름다운 얼굴이 아니라 해도 누구나 한 가지 이상은 예쁜 부분이 있다. 나의 경우 칭찬을 통해 상대방을 기쁘게 해주고 싶어서 상대방의 얼굴에서 가장 예쁜 부분을 찾기 시작했다. 속눈썹, 귀 모양, 표정 등 우리가 쉽게 눈에 보이는 것들 이외의 부분을 살폈다. 어떡하면 상대방의 좋은 면을 살려줄 수 있을까에 대한 고민을 많이 하였다.

시간이 흐를수록 칭찬의 표현들이 아주 자연스러워졌다. 이후 사람을 볼 때 좋은 점을 먼저 찾는 습관이 생겼다. 시간이 흘러 지금은 주위에 많은 사람이 나를 긍정적인 사람으로 평가한다.

칭찬할 때는 상대방이 진심으로 느낄 수 있게 해야 한다. 너무 과도한 칭찬은 오히려 목적성을 띠게 되어 상대방에게 오해받을 수 있다. 칭찬의 효과는 상대가 공감할 수 있는 부분을 칭찬할 때 전달될 수 있다.

거짓된 생각에서 나온 말들로는 상대방의 마음을 얻을 수 없다. 말은 행동이 뒷받침되어야 신뢰가 생기기 때문에 마음속에서 하는 생각이 진실하여야 한다. 이처럼 말의 힘은 참으로 위대하다. 유대 좋은 생각은 최고의 선택을 이끌어준다.
좋은 말로 포장을 해도 거짓된 생각에서 나온 말은
상대의 마음을 얻을 수 없다.
아무리 좋은 생각도 말로 표현하지 않으면
행동으로 이어지기 어렵다.

격언 중에 이런 말이 있다. 말이 입 안에 있으면 자신이 말을 지배하고, 말을 입 밖으로 내뱉으면 말이 자신을 지배한다고 한다.

말은 우리의 생각을 견인하는 역할을 해준다. 자기 생각을 말로 표현하는 습관을 가져야 한다. 아무리 좋은 생각이라도 말로 내뱉지 않으면 행동으로 이어지기 어렵다. 그러므로 생각나는 것을 언어화시켜 말로 표현해야 한다. 왜냐하면 그 말은 다시 돌아 내 생각이 되기 때문이다.

잠재의식은
또 다른 나를 찾게 해준다

주위를 돌아보면 내가 잘되기를 진심으로 응원해주는 사람들이 많다. 어쩌면 예전에도 좋은 사람들이 가까이 있었음에도 잘 알아보지 못했을지 모른다. 중요한 것은 내가 긍정적으로 바라보는 습관이 생기면서 내 주위에 좋은 사람이 많다고 느껴진다는 점이다. 긍정적인 성격으로 자리 잡게 되면서 좋은 평가를 받았고, 그로 인해 좋은 기회들도 많이 생겼다.

미국의 사회심리학자 찰스 쿨리가 주장한 거울 자아 이론이 있다. 다른 사람이 나의 행동 방식에 대해 긍정적으로 평가를 하면 내 자아상도 긍정적으로 되고, 부정적으로 평가를 하면 내 자아상도 부정적으로 된다는 이론이다. 나의 경우를 떠올려 보면 예전에는 지금 같은 노력은 하지 않았으니 당연한 결과일 수 있겠다. 부정적인 평가로 인해 어떤 시도조차 하지 않았던 적도 있었다. 부정적인 피드백을 많이 받게 되면 잠재의식 속에도 부정적인 마음이 자리 잡히게 되어 모든 일에서도 쉽게 위축되기 때문이다.

물론 맞는 말이다. 그렇다면 사람들의 평가를 그대로 받아들이고 살아야 한다는 것일까? 그렇지 않다. 다른 사람이 당신에게 부정적인 평가를 한다면 한 번쯤 자신을 객관적으로 바라보고 개선하는 것은 중요하다. 스스로 이겨낼 수 있는 긍정의 힘이 부족하다면 나에게 긍정적인 방향으로 피드백을 줄 수 있는 멘토를 찾는 것도 도움이 된다.

예전에 같이 근무하던 후배가 있었다. 너무 착하고 긍정적인 후배였지만, 항상 느리고 이해를 못해서 다른 사람들이 그 후배의 역할도 채워야 했다. 그러다 보니 주변에 의도치 않게 피해를 많이 주는 상황이 생기기도 했다. 그럴 때면 많이들 그 후배에게 다른 직업을 찾는 방법이 좋을 것 같다는 충고를 하기 마련이다. 시간이 많이 흘러 후배와 우연히 연락이 닿았다. 이 일을 그만뒀을 것으로 생각했는데 잘나가는 디자이너가 되어 있었다. 신선한 충격이었다.

그 후배가 성공할 수 있었던 이유는 긍정적인 생각 덕분이었다. 많은 어려움 속에서도 이루고 싶은 목표에 마음을 고정하고 긍정적으로 생각했다. 스스로 객관화하고 자신에게 긍정적인 조언을 해주는 사람들을 찾아다니며 희망을 품고 노력했다는 사실을 알게 되었다.

행복한 성공수업

이후에도 다른 후배들과 제자들에게서도 비슷한 경우를 많이 보았다.

현재 나의 상황으로 모든 것을 판단해서는 안 된다. 나에게 잠재되어 있는 능력은 99%까지 노력해봐야 알 수 있다. 그러므로 내가 정한 목표만 생각하고 몰입해야 한다. 잘할 수 있다는 믿음을 가지고 노력하면서 긍정적인 생각을 키워야 한다. 물론 부정적 생각이 무조건 나쁜 것은 아니다. 상황에 대해 객관적으로 보기 위해서는 부정적인 생각도 필요하다. 다만 부정적인 생각이 떠오를 때면 꿈을 이룰 수 있는 방향으로 생각을 다듬어 전환하여야 한다. 스스로가 꿈꾸던 목표를 떠올리며 부정적인 감정을 희석하자.

잠재의식의 놀라운 힘

나의 경우 주변에 좋은 멘토 덕분에 미용의 첫발을 내딛게 되었다. 큰 꿈을 갖고 서울의 중심지로 왔다. 그러나 이해하는 속도가 빠르지 않았던 나는 많이 노력해야 한다는 지적을 받을 때가 종종 있었다. 가끔은 내가 정말 소질이 없는가에 대한 고민도 많이 했다. 그럴 때마다 좋았던 기억을 떠올렸다. 잘한다고 칭찬을 들었던 긍정적 감정을 떠올렸고, 노력을 많이 해야 한다는 객관적인 상황을 인식하며 노력하면 잘할 수 있을 거라는 믿음을 갖고 더욱더 노력했다. 남들보다는 좀 더 노력해야겠지만 꼭 이루어서 증명해보고 싶은 마음

긍정적인 생각들은
서서히 마음속에 뿌리내려
잠재의식 속에 자리 잡는다.
돈처럼 눈에 보이지는 않지만,
그 생각으로 만들어진 자신의 가치는
고유재산이 된다.

행복한 성공수업

이 생겼다. 그 덕분에 더 깊이 있게 많이 연습하고 공부하였다.

지금은 사람들이 나에게 재능이 있다고 말한다. 재능은 타고나야 한다고 하지만 나는 타고난 것만이 전부가 아니라는 것을 안다. 이처럼 사람의 잠재된 능력은 아무도 알 수 없다. 그러니 미리 섣부르게 부정적인 생각들로 나에게 한계를 만들지 않아야 한다. 조금 늦어도 결국 어느 정도에 도달하면 비슷해지기 때문이다.

《여러 가지 삶의 태도》의 저자 나폴레온 힐은 사람의 내면에는 '또 다른 나'라는 자아가 있다고 한다. 어떤 일을 실행하기 위해 믿고 논리적인 결론에 이르게 하는 것은 자아가 돕기 때문이라고 한다. 내가 정한 목표를 위해서 가장 중요한 사실은 내가 그 일을 해낼 수 있을 것이라는 믿음이 있어야 실행을 할 수 있다는 것이다. 그 믿음이 있어야 흔들리지 않고 앞으로 갈 수 있다. 만약 시도하다가 실패하더라도 다시 일어설 힘이 된다.

학교에서 강의를 진행할 때 학생들에게 강조하는 말이 있다. "어렵다"는 말은 금지한다. 꼭 하고 싶다면 "반복하다 보면 될 거 같아"라고 이야기하도록 유도한다. 대부분의 학생들은 완성된 결과를 보여줄 때는 도전해보고 싶다며 기대를 한다. 그런데 과정을 설명해주고 이해하도록 가르쳐주면, 두려운 마음을 앞세우게 된다. 완성하기도 전에 어렵다고 포기하는 경우가 허다하다.

여기서 또 다른 문제가 발생한다. 본인만 어렵다고 느끼면 다행인데 옆에서 열심히 해보려고 하는 학생도 그 말을 듣는 순간 도미노처럼 순식간에 어렵다고 느낀다. 동시에 전체적인 수업 분위기까지 나빠지게 된다. 무의식적으로 부정적인 표현을 하게 되는 습관이 있다면, 이를 긍정적으로 바꾸는 것이 꼭 필요하다. 긍정적인 언어를 많이 사용하게 되면 당신이 꿈꾸는 방향도 밝아져 생각지 못한 성취감을 느낄 수 있을 것이다.

말투만 부드럽게 바꿨을 뿐인데

지금까지 만났던 모든 사람에 대해 우리는 어떤 이미지로든 기억하기 마련이다. 처음 누군가 만났을 때 상대방이 어떤 사람일 거 같다고 판단하는 시간은 0.5초 이내라고 한다. 아주 짧은 시간 동안 우리는 그 사람을 판단한 셈이다. 당신 또한 만나게 되는 사람들에 의해 평가를 받게 되며 당신의 인상을 남기게 된다.

미국의 심리학자 앨버트 메라비언이 발표한 메라비언 법칙이 있다. 우리가 상대방에게 이야기를 전달하고자 할 때 말의 내용보다 이미지와 목소리 톤, 말투가 판단의 기준이 된다는 것이다. 즉, 내용의 중요도는 7%에 불과하고 목소리와 말투의 청각적인 요소가 38%를 차지한다. 더 놀라운 사실은 눈에 보이는 시각적인 요소가 한 사람을 판단하는 데 55%나 차지한다는 점이다.

어느 공간에서 어떻게 만났는지에 따라 다양한 평가를 받기도 한다. 예를 들어 같은 옷이라도 바닥에 펼쳐져 있는 것과 예쁘게 진열되어 있는 것은 상당히 다르게 느껴진다. 때로는 사람들이 내 진심과 다르게 표정만 보고 화가 난 것으로 오해하는 경우도 있다. 그럴 때면 억울한 감정이 생길 수밖에 없다. 한 번 각인된 이미지를 다시 바꾸는 것은 어렵기 때문이다.

이처럼 사람들은 아주 짧은 시간에 상대방을 마음대로 판단하기 때문에, 상대방에게 좋은 이미지를 주기 위해서 헤어스타일링도 하고 메이크업도 한다. 물론 첫인상으로 호감을 주는 것에 실패했더라도 만회할 기회는 있다. 나의 말투와 톤을 좋게 변화시키는 것이다. 앞에서 언급했듯이 앨버트 메라비언이 어떤 내용을 상대방에게 전달하려고 할 때 말의 의미, 목소리 톤, 음색이 얼마나 중요한지 실험한 결과에서도 말의 내용보다도 음색이 중요하다는 것을 알 수 있었다.

"가는 말이 고와야 오는 말이 곱다"는 말처럼 말은 상대적이다. 같은 내용을 전달하더라도 그 내용보다 전달하는 사람의 말투와 목소리 톤에 따라 상대방은 다르게 받아들이게 된다는 것이다. 이처럼 말은 내가 가지고 있는 이미지를 더 돋보이게 해주기도 하고 역으로 호감을 비호감으로 만들기도 한다. 자신이 평소에 화난 표정을 자주 짓고 있는 편이라면 미소 짓는 연습과 말투만 부드럽게 바꾸어도 오히려 당신을 카리스마 있는 사람으로 재평가하게 될 것이다.

신념

신념은 나를 움직이는
힘을 준다

우리는 어려운 일들과 마주했을 때면 "나는 할 수 있다!"라는 말을 외친다. 이처럼 스스로 할 수 있다고 외친든, 누군가로부터 받는 응원이든 말은 자신의 잠재의식 속에 믿음을 심어주게 된다. 그로 인해 만들어진 자신만의 신념은 할 수 없을 것 같았던 일도 해내도록 만드는 힘이 있다.

신념은 한번 마음먹었다고 해서 쉽게 만들어지지 않는다. 물이 끓기 위해서는 100℃의 온도가 필요하다. 99℃가 되어도 마지막 1℃가 모자라면 물이 끓는 조건이 안 될 뿐만 아니라, 100℃의 물이 되어 끓기 시작하더라도 아직은 같은 물의 상태이다. 물이 아닌 수증기로 만들기 위해서는 지금까지 노력한 것 이상의 열량이 더 필요하다. 그래야만 물이 끓어 수증기화된다.

누구나 노력한다. 그러나 물이 수증기로 변화되는 성공 경험을 해보기도 전에 대부분은 포기하는 경우가 많다. 위대한 업적들도 만 번 이상의 좌절을 극복하고 나서 만들어졌다. 그들에게 성공의 비결을 물어보면 반드시 된다고 생각하는 믿음을 갖고 답을 찾을 때까지 계속해서 노력한 덕분이라고 한다. 자신을 믿는 마음의 힘이 있는 사람은 어려움이 와도 견고하게 나아가지만, 자신을 믿는 힘이 약하면 타인에 의해 쉽게 흔들릴 수밖에 없다.

《신념의 마력》의 저자 클라우드 M.은 신념은 의심스러운 일의 성공적인 결과를 미리 확약해주는 유일한 것이라고 한다. 사람의 신념은 자기 자신보다 훨씬 높은 곳에 있는 힘에 부탁하여 그 힘으로 행동하고 그 부탁의 시현을 창조한다는 것이다.

사람은 믿는 구석이 있어야 편안함을 느낀다. 자신을 믿기도 하고 든든한 부모를 믿기도 한다. 아니면 자신에게 맞는 종교를 선택하여 의지하기도 한다. 종교도 기초가 되는 경전을 통해 되풀이하여 읽고 잠재의식에 자리 잡게 한다는 것이다. 비슷한 예로 TV에서 광고 방송을 할 때 내가 관심 있는 상품이 아니더라도 주기적으로 광고가 나오면 그 광고 내용의 진실 여부와 상관없이 광고에 흘러나온 것을 믿게 되어 결국은 상품을 사게 되는 것과 마찬가지이다.

이처럼 무의식적으로 내가 하는 말과 생각들이 아주 사소한 부분일지라도 반복적으로 하게 되면서 무의식에 자리 잡게 된다. 무의식에 자리 잡은 생각은 자신의 신념으로 발전한다. 이렇게 만들어진 한 사람의 신념은 어떤 일을 시도하다가 어려움에 직면했을 때 올바른 판단을 할 수 있도록 돕는 나침반의 역할이 되어준다.

작은 성공 경험이 자존감을 높여준다

학창 시절 성적이 좋지 않았다. 성적이 좋아야만 인정받는 분위기 속에 자존감은 늘 바닥일 수밖에 없었다. 우연한 기회에 미용을 배웠다. 잘될 때보다 안 될 때가 더 많았고, 포기하고 싶은 순간들도 많았다. 그러나 작은 성공 경험이 나에게 기대감을 주었고, 꾸준히 노력한 결과 차츰 실력이 향상되었다. 점점 자신감도 생겼고 나의 손길에 만족하는 사람들이 늘면서, 직업에 대한 만족감을 느끼는 횟수도 늘어갔다.

누군가에게 도움을 줄 수 있는 사람이라는 사실은 우리에게 행복감을 느끼게 해준다. 우리는 사회나 가족 구성원 안에서 심지어 작은 모임에서도 누군가에게 필요한 사람이 되거나 타인에게 인정받을 때 더 열심히 살아가고 싶어진다. 긍정적인 경험을 통해 새로운 일도 잘될 수 있을 것 같은 기대가 생기고, 다시 도전하고 싶은 동기가 만들어진다. 자기 확신이 없는 상태에서는 부와 명예를 가졌더라도 오랜 기간 지켜내기는 어렵다. 모래로 만들어진 화려한 성이 근사하고 멋있지만 쉽게 무너지는 것처럼 말이다. 살아가는 생활 속에서 상대방과의 관계나 어떤 선택을 할 때, 또는 결정을 내리기 위한 판단을 할 때 자존감은 많은 영향을 미치고 있다.

사람은 주위 환경에 따라 많은 영향을 받는다. 자존감이 높은 사람도 지속해서 스트레스를 받는 환경에 놓이게 되면 자존감이 떨어지기 마련이다. 때로는 작은 칭찬 한마디에 자존감이 높아지기도 하고 바닥으로 떨어지기도 한다. 이런 환경 속에서 흔들리지 않고 잘 극복하기 위해 마음속에 튼튼한 기둥을 만들어야 한다. 이를 해결할 수 있는 유일한 방법은 성공 경험을 하는 것이다. 아주 작은 경험이라 하더라도 성공해본 경험은 자신감을 키워주기 때문에 자존감도 높아지게 된다. 작은 벽돌이 겹겹이 쌓여 멋진 집이 완성되듯이 성공 경험은 당신이 원하는 모든 일을 자유롭게 할 수 있도록 도와줄 것이다.

내가 중심이 되는 동기가 필요하다

목표를 이루기 위해서는 동기가 필요하다. 심리학자 켈러에 따르면 동기를 유발하기 위해 4가지 중요한 요인이 있다.

첫 번째는 주의attention이다. 호기심과 관심이 있는 일이어야 하고 싶은 마음이 생긴다. 계속해서 호기심이 유지될 수 있는 환경이 보일수록 목표를 이룰 확률도 높아진다.

두 번째는 관련성relevance이다. 배우고 익히는 일들이 내가 꿈꾸는 것과 관련이 있어야 한다. 예를 들어 A라는 목표를 꿈꾸면서 B라는 것들만 배우면 계속해서 노력하는 것이 어려워지기 때문이다.

세 번째는 자신감confidence이다. 작은 일이라도 성공 경험을 통해 긍정적인 기대를 할 수 있다. 예를 들면 꿈을 이루기 위해 작은 목표들을 하나씩 이루었을 때, 목표를 이룸으로써 다음 기회가 제공되었을 때, 목표를 이루기 위해 자신을 통제했을 때 자신감이 커지기 때문이다.

네 번째는 만족감satisfaction이다. 결과에 대해 스스로가 기대했던 것과 일치하고 공정하다고 느껴야 한다. 내적, 외적의 보상이 채워졌을 때 또다시 도전하고 싶은 동기가 생기게 된다는 것이다. 이 과정을 통해 자존감도 높아지게 된다.

나는 선택적 비혼주의자였다. 30대가 넘어가면서 결혼하지 않은 나를 안쓰럽게 바라보는 시선들은 나에게 부담으로 다가왔다. 꼭 결혼해야 할까? 명절에 친척들을 만나거나 부모님과 대화하면 "다들 결혼해서 아이도 낳고 잘만 사는데 뭐가 부족해서 혼자 지내니?"라고 말한다. 그 순간 일의 만족으로 채워진 자존감이 한순간에 물거품처럼 사라졌다. 주변을 돌아보았다. 모두 결혼도 하고 아이도 키우며

무의식에 자리 잡은 생각으로 만들어진 한 사람의 신념은
어떤 일을 시도하다가 어려움에 직면했을 때
올바른 판단을 할 수 있도록 돕는다.
신념은 불가능할 것 같은 일도
해내도록 하는 힘이 있다.

잘 살고 있는 것 같았다.

어느 순간 주위 시선들은 나를 위축되게 했다. 결혼만 하면 해결된다고 생각했고 마침내 결혼했다. 그러나 끊임없이 변화하는 상황에 따라 나의 자존감은 오르막과 내리막을 반복하며 흔들렸다. 경험해보고 나서 알게 된 사실은 결혼 여부와는 상관없이 계속해서 변화하는 상황 속에서 여전히 마음속 감정은 흔들린다는 것이다.

어떤 상황 속에서도 분명한 나의 기준이 가장 중요하다는 사실을 알게 되었다. 일의 성과가 좋아 주위의 인정받는 것만으로도 자존감이 올라가기도 한다. 때로는 보편적인 사회 기준에 맞추지 않으면 좋지 않게 평가받아 자존감이 낮아지기도 한다. 누군가로부터 얻은 자존감도 의미가 있지만 결국 내가 중심이 되어야 한다. 그래야만 예상하지 못한 사회 환경 속에서 흔들리지 않고 행복한 삶의 방향으로 나아갈 수 있다.

기적

가치에 대한 믿음은
기적이 일어나게 한다

모든 사람은 행복한 삶을 꿈꾸고 원한다. 누구도 불행하고 싶은 사람은 한 명도 없기 때문이다. 다만 각자가 원하는 행복의 기준과 인생의 모습들이 다를 뿐이다. 일을 통해 돈을 벌고 전문성을 갖추며 성장하고자 한다. 성공하고자 생각을 실행에 옮기기도 하고 생각에만 그치기도 하지만, 누구나 자신 안에 잠재되었던 재능을 자유롭게 발휘하여 꿈을 이루고 싶어 한다.

결국, 우리는 행복하기 위해 성공을 원한다. 마치 성공하면 당연히 행복할 것이라 생각하기도 한다. 많은 것을 이룬 이들을 보면 엄청 행복하겠다고 부러워한다.

하지만 실제로 이야기해보면 그렇지 않은 경우도 많았다. 성공이라고 느끼는 감정은 개인에 따라 다르기 때문이다. 열심히 살고 내가 꿈꾸던 성공을 이뤘다 하더라도 새로운 목표, 기준, 환경은 계속 변하기 때문에 많은 것을 이뤘음에도 행복하지 못한 경우를 자주 보게 된다.

1970년대에 마틴 피시베인이라는 심리학자가 처음으로 주장한 기대 가치이론이 있다. 내가 기대하는 것이 있을 때, 그 목표들이 가치가 있다고 생각한 만큼의 행동으로 이어질 수 있다는 것이다. 즉, 행동으로 이끌어 갈 수 없는 목표는 의미가 없다.

《의미 있는 삶》의 책 저자 알렉스 룽구는 내 삶의 의미를 알게 되는 가장 중요한 근본 기준을 자아 확장이라고 하였다. 이는 진정한 나의 삶을 살기 위해 어떻게 당당하게 효율적으로 살아갈지 결정할 때 참고하는 기준이 된다.

자아 확장을 하기 위해서 나의 장점을 살려 자기 계발을 계속해야 하고, 스스로 가능한 기술력을 만들어야 한다. 그 능력이 향상되면 커질수록 성취감도 더 많이 느끼게 된다. 내가 잘되어야 주변도 돌아볼 수 있는 여유와 힘이 생긴다. 그러므로 우선 나부터 중심을 잡는 것이 중요하다. 나에게는 진정한 자아를 만들 수 있는 자유가 있다. 그 어떤 무엇도 내가 한 선택을 막을 수는 없다.

행복한 성공수업

스스로를 믿어라

자신에 대한 확신과 믿음은 부와 명예를 뛰어넘는 그 이상의 가치가 있다. 현재 굉장한 부를 갖고 있지 않아도 명성이 높지 않더라도 괜찮다. 스스로 부족하다는 생각이 들고 자신감이 없더라도 괜찮다. 생각의 훈련을 통해서 좋아질 수 있다.

자신감이 좋아지면 어렵게 느꼈던 일들이 가능해지는 경험을 할 수 있다. 그 경험을 통해 반복적으로 노력을 하다 보면 습관이 만들어지기 마련이다. 그 습관들이 쌓여 어느 순간 내가 꿈꾸고 원하던 삶과 가까워지게 된다.

누구에게나 인정욕구가 존재한다. 대부분의 사람은 자신이 중심이 되고 싶어 한다. 드라마나 영화를 봐도 주인공 이외의 출연자들은 기억되기 어렵다. 그러나 주인공만 있는 드라마나 영화는 없다. 누군가는 주인공의 역할을 하겠지만 또 다른 누군가는 조연의 역할을 해야만 한다. 그밖에 화면에서 찾기도 어려운 엑스트라들도 필요하다.

한 엑스트라 배우가 사람들 앞에서 자신을 배우라고 소개했다. 그러자 한쪽에서 "주인공을 해야 배우지, 엑스트라는 배우가 아니지. 나도 할 수 있겠다"라고 말했다. 이런 말을 들으면 엑스트라 배우는 별로 가치 없는 사람으로 평가를 받았기에 한없이 작아진다.

이때 중요한 것은 스스로가 영화나 드라마에서 자신의 역할이 얼마나 중요하고 필요한지에 대해 본인 스스로가 가치를 부여해야 한다는 점이다. 성공한 영화나 드라마에는 빛나는 조연이 있기 때문에 완성도 높은 작품이 될 수 있었다는 점을 기억해야 한다.

사실 사람들은 가볍게 말을 뱉어 조언이나 충고를 하지만 그다지 나한테 관심이 없다. 그러니 가벼운 한마디로 나를 평가하는 것에 연연할 필요가 없다. 왜냐하면 정확한 평가는 누구도 할 수 없고, 본인 스스로가 가장 잘 알고 있기 때문이다.

다만 내가 나에 대한 의미와 가치를 어떻게 두는지에 따라 사람들의 평가가 뒤집힐 수 있다. 당신에게 주어진 작은 역할도 어느 누군가에게는 큰 꿈일 수 있다. 모든 선택과 결정은 당신이 한 것이다. 중요한 것은 내가 이 일을 하는 이유와 목적이 분명해야 한다는 것이다. 꾸준함과 지속하는 힘이 있다면 다른 사람들도 나를 인정할 수밖에 없다.

내가 하는 일이 가치 있다고 생각하자

자신이 하는 일이 가치가 있다고 생각해야 꿈을 꾸고 노력하게 된다. 사람들은 성공 경험을 통해 만족감을 느낄 때 행복한 감정을 느낀다. 계속해서 반복하는 말이지만 아주 사소한 일이라도 성공 경험을 많이 할수록 좋다. 성공한 경험들로 자신감이 생기게 되면 자기

행복한 성공수업

효능감도 높아지게 된다. 효능감이 높아지면 다른 새로운 일에서도 꿈을 꾸고, 긍정적인 기대를 하며, 도전하고 싶은 동기가 생긴다.

한 예를 들어보겠다. 한동안 인기 있던 〈스트릿 우먼 파이터〉라는 프로그램이다. 대한민국 최고의 스트릿 댄스 크루를 찾기 위한 서바이벌 프로그램이다. 요즘 춤추는 댄서들이 방송 섭외 1위라고 한다. 예전에 춤을 춘다고 하면 가수 뒤에 얼굴도 잘 모르는 백댄서였다. 오직 가수를 돋보이게 해주는 역할을 했다. 그런데도 오랜 시간 동안 백댄서를 고집해온 것은 춤을 추는 이유와 목적이 분명했기 때문이다. 그래서 남들이 많이 알아주지 않아도, 경제적으로 아주 풍족하지 않아도 포기하지 않고 지속했기 때문에 지금이 있을 수 있었다.

그중 가장 인상 깊었던 댄서는 아이키라는 사람이다. 댄서이자 안무가이고 한 아이의 엄마이기도 하다. 가장 멋있는 점은 본인의 하는 일을, 댄서로의 하루를 가치 있게 느끼며 살았다는 것이다. 지금까지 보낸 수많은 시간 동안 적잖은 갈등 요소가 있었을 것이다. 그녀의 내면으로부터 나오는 당당함과 자신감은 춤을 출 때 느껴진다. 댄서라는 직업에 대해 사람들에게 각인되어 있던 이미지와 인식을 바꿔놓았다. 댄서의 직업이 예전에는 가수 뒤에서 춤추는 백댄서로의 역할이었다. 지금은 가수의 노래가 배경음이 되고 댄서가 주인공이 되는 역사적인 시대를 만든 사람이다.

흙에 씨를 뿌려 물을 주고,
잘 자라서 사람들의 눈을 즐겁게 해주고
좋은 향기로 행복을 느끼게 해주는 아름다운 꽃처럼.
비록 모두에게 인정받지 못한다고 하더라도
좋아하는 일에 의미를 부여하여
가치 있는 방향으로 꾸준히 노력한다면
행복한 날들이 펼쳐질 것이다.

행복한 성공수업

자신만의 원칙은 반드시 지켜라

샵을 오픈했을 때이다. 오픈 당시는 사람들에게 예약제가 익숙하지 않았다. 미용의 길을 먼저 밟아 오신 선배이기도 한 엄마조차 예약제로 운영하는 것에 대해 이해하지 못하셨다. 예약한 고객님이 올 시간이 되었다. 하필이면 지나가다 어느 분이 들어와서 머리 시술을 받고 싶어 했다. 그 고객을 받으면 먼저 예약된 고객이 기다려야 하거나 불편을 겪어야 한다. 한 분 한 분이 귀할 때지만 정중하게 양해를 구했고 예약 고객을 기다렸다.

그런데 10분이 지나도 오지 않고 연락도 되지 않았다. 그 사이 지나가다 또 한 분의 고객이 들어왔다. 또다시 고민했다. 옆에 있던 엄마는 그냥 하라고 부추긴다. 만약 받았다가 예약한 고객이 오시게 되면 겹치기 때문에 안 될 것 같았다. 다시 한 번 정중하게 고객을 보냈다. 20분이 지나도 30분이 지나도 오지 않는다. 그렇게 몇 명의 고객을 놓치고 나서 연락이 왔다. 갑자기 급한 일이 생겼고 연락도 할 수 없었던 상황이었다고 한다. 일부러 그런 것도 아닌데 화를 낼 수도 없었다. 그 장면을 가만히 지켜보시던 엄마는 이건 아닌 것 같다며 화를 내셨다.

예약은 나와 고객의 신뢰라고 믿는다. 그렇기에 고객이 약속을 지키지 못해도 나는 지켜야 한다고 생각했다. 내가 예약제로 운영하는 이유와 목적이 분명하게 있었다. 10분을 자르더라도 한 사람에게 집중해서 하고 싶었다. 더 많은 시간을 내어 시술해도 뒤에서 기다리는 고객이 있으면 빨리 해야 할 것 같은 압박이 느껴지기 때문이다. 무엇보다도 고객들이 더 불안해한다. 뒤에 고객이 기다리고 있으면 시술받고 있는 고객은 자기 머리카락을 대충하지는 않을까 염려하기도 한다.

예약제라는 시스템을 만든 이유는 멀리까지 찾아와준 고객에 대한 감사의 마음이 크고, 완성도 높은 스타일로 아름답게 해주고 싶었기 때문이다. 처음 한동안은 불협화음도 있었지만, 서서히 내가 운영하는 대로 자리 잡아갔다.

잘되기를 바라는 고객님들은 기다려도 되니 새로운 고객이 오면 먼저 해주라고 하지만, 나는 원칙을 지키기 위해 배려도 감사한 마음으로만 받고 정중히 거절한다. 그런 나를 융통성이 없다고 하는 분들도 있다.

어느 누가 뭐라 말하든 내가 이 일을 하는 이유와 목적이 있다면 나를 믿고 내가 선택한 일에 의미와 가치를 부여해야 오랫동안 즐겁게 일을 할 수 있다. 즐기는 사람을 뛰어넘기는 어렵기 때문이다.

흙에 씨를 뿌려 물을 주고 잘 자라서 멋진 꽃으로 변하듯 사람들의 눈을 즐겁게 해주고, 좋은 향기로 행복한 마음을 느끼게 해주는 아름다운 꽃처럼, 비록 모두에게 인정받지 못한다고 하더라도 좋아

하는 일에 의미를 부여하여 가치 있는 방향으로 꾸준히 노력한다면
행복한 날들이 펼쳐질 것이다.

chapter 2

스마트하게
목표를 이루기 위해
필요한 기술

계획

이 세상에 완벽한 계획은 없다

사람들은 어떤 일을 시작할 때보다 끝낼 때 쉽게 결정하는 경향이 있다. 시작하기 전에는 거창하게 계획을 세우지만 시작한 일들을 끝까지 해내는 경우는 비교적 적다. 서울에서는 매년 분기별로 마라톤 경기가 열린다. 사람들이 처음 지원할 당시에는 완주하겠다는 다짐을 하고 지원한다. 마라톤에 참석하는 이유로는 각자가 정한 삶 안에서 목표의 시작점을 만들고 싶어서 또는 친구들과 함께 참여하는 재미가 있어서 등이 있다. 저마다 다양한 이유로 마라톤을 신청하지만, 시작과 다르게 마지막 결승전까지 완주하는 사람은 많지 않다. 처음에는 똑같은 선상에서 출발해도, 사람마다 기초체력 등의 이유로 먼저 앞서가는 사람도 있고 느리게 가는 사람도 있기 마련이다.

《아주 작은 목표의 힘》의 저자 고마다 마쓰오는 사람들이 목표를 세우고도 쉽게 실패하는 이유가 있다고 한다. 목표를 정하는 순간 뇌는 저항하고 반항하며 목표가 거대할수록 더 격렬하게 반응한다고 했다. 우리가 살아가고 있는 사회는 목표와 그것을 이룬 결과를 추구하도록 압박받는 문화 속에 노출되어 있다. 즉, 모두에게 인정받을 수 있는 목표를 이루는 것이 중요하다고 스스로의 잠재의식 속에 자리 잡혀 있는 것이다.

자신의 의지만으로 큰 목표를 이루기는 어렵다. 왜냐하면 성공을 이루기 위해 설정한 목표는 사람들마다 대체로 비슷하기 때문이다. 이때 각자의 상황과 환경이 다르기 때문에 여러 환경적 조건이 갖추어지지 않을 경우, 우리의 뇌에서 목표에 반항하는 힘이 격렬해질 수밖에 없다. 새로운 영역의 일을 배울 때를 생각해보자. 처음에는 감당 못할 정도의 힘이 들고, 완벽하게 하고 싶어도 뜻대로 되지 않는다. 그런데 신기한 사실이 있다. 포기하고 싶었던 일들도 그 환경에 익숙해지면 조금씩 쉽게 느껴진다는 것이다. 또 다른 새로운 일이 생기면 어느새 이전에 어려웠던 일은 일상이 되어 있기 마련이다.

모든 것을 갖춘 완벽한 계획은 없다. 아주 사소한 부분이라도 하나씩 익숙해지도록 해야 한다. 아주 작은 목표들이 차곡차곡 쌓이다 보면 자신도 모르는 사이 변하지 않을 것 같던 주위 환경도 달라져 있는 경험을 하게 될 것이다. 아주 작은 목표부터 실행하여 습관으로 자리 잡아, 익숙해지도록 함이 목표를 이루기 위한 첫걸음이다.

계획이 어긋나도 계속 도전하라

우리의 몸은 움직이지 않고 일주일만 가만히 누워 있으면 모든 근육이 다 빠져나간다. 실제로 뼈 자체는 매우 약하다. 그런데도 뼈를 잘 사용할 수 있는 것은 뼈를 둘러싸고 있는 근육의 힘이 있기 때문이다. 운동선수들을 보아도 시합하다 보면 다치는 일이 비일비재하다. 그럴 때 선수 생활이 어렵다고 생각하며 포기하는 경우도 있지만, 성공한 선수들 대부분은 주변 근육의 힘을 키워 또다시 경기장을 뛰어다닌다.

계획한 대로 삶이 흘러가면 너무 좋겠지만 살다 보면 예상하지 못한 일들이 생긴다. 운동선수가 다치게 되면, 재활한다고 해서 나아진다는 보장은 없다. 하지만 위대한 선수들의 인터뷰를 보면 공통으로 말하는 것이 있다. 그들은 상당한 고통의 시간을 견뎌냈기 때문에 성공적인 결과를 만들어낼 수 있었다고 한다. 강한 의지가 이겨낼 힘이 된 것이다.

《여러 가지 삶의 태도》의 저자 나폴레온 힐은 자연은 인간이 고난을 겪으면 더 강해지도록 설계했다고 한다. 성공한 많은 이들은 자신에게 주어진 극한 고난과 역경을 이겨내어 성공을 이루었다고 이야기한다. 물론 어려운 환경에서 살았다고 무조건 실패하지는 않는다. 부유한 가정에서 자랐던 사람도 자신이 하고자 하는 의지와 다

70

짐, 자신에 대한 확신이 없다면, 금방 포기하는 패턴으로 이어지고 실패하게 될 가능성이 커진다.

계획한 일들이 생각처럼 이루어지지 않는가? 해보겠다고 생각을 했지만 몇 번 시도해보다가 금방 지쳐서 그만두었는가? 그랬다면 아마도 당신은 신중하고 생각이 깊은 사람일 것이다. 이것은 더할 나위 없는 큰 장점이다. 그러나 이런 유형의 경우 일어나지도 않는 일에 대한 추측을 많이 한다는 점은 단점이 된다. 대부분 '시작했다가 끝까지 못 해내면 어떡하지?' 하는 생각의 꼬리를 물며 두려움을 키워낸다. 그런 생각을 많이 할수록 시도조차 하지 못하게 늘 계획만 세우다 포기하는 패턴이 만들어진다.

잘해보겠다는 다짐도 중요하다. 하지만 다짐만으로는 자신을 변화시키지 못한다. 실제로 실행한 사람만이 성장할 수 있다. 실행한 일들을 기록해보는 것도 좋다. 느껴지는 결과보다 객관적으로 변화된 것을 한눈에 볼 수 있기 때문이다. 자신을 객관적으로 바라보는 힘은 두려운 마음을 축소하는 데 도움이 된다.

완벽하기보다는 꾸준히 행동하라

《계획이 실패가 되지 않게》의 저자 이소연은 막연히 잘하고 싶다고 생각하는 것과 직접 측정할 수 있는 세부 목표를 갖는 것은 확실한 차이가 있다고 한다. 생각이 많을수록 결과는 안 좋은 방향으로 흘러가기 쉽다. 완벽주의 성향의 사람들이 많이 보이는 패턴인데, 지나친 완벽주의 성향은 행동력을 떨어뜨리게 된다.

완벽주의 성향들은 원리원칙을 고수하다 보니 상황이 자신의 계획에서 조금만 틀어져도 괴로워한다. 나아갈 방향을 보지 못하고 그 상태에 고립된다. 해결할 수 없는 상황에 집착하며 에너지 소모를 하다 보니 결과를 만들기도 전에 지치는 것이다. 마음을 다잡지만 시작과 동시에 같은 상황이 반복되면서 좌절하게 된다. 자신에게 엄격한 잣대로 들이대며 조금의 실수도 받아들이지 않는다. 그러다 보니 계획한 일들을 행동으로 옮기지 못하게 된다.

코로나를 핑계로 운동을 하지 않았다. 운동을 매일 해야겠다는 마음만 앞섰고, 그 사이 몸무게는 점점 늘어났다. 살이 찔수록 감량해야 할 목표도 늘어나며 계속해서 계획을 수정하기 바빴다. 스스로 행동하지 못한 것에 대해 자책하는 날도 늘어났다. 혼자의 힘으로 운동을 해야지 다짐했지만 늘 실패로 끝났다. 점점 노력해야 하는 양을 키우기만 해서 행동력을 떨어뜨린 것이다. 극복하기 위해 운동을 시작했다. 매일 운동을 하여 빠른 기간 안에 많은 양의 살을 빼고 싶은 마음이 간절해졌다. 그러나 너무 무리한 계획은 실패가 될 수 있다는 생각이 들었고 마음을 진정시켰다. 주 2회의 운동수업은 부담 없이 할 수 있을 거 같아 선택했다.

모든 것이 완벽한 계획은 없다.
포기하고 싶던 일들도 그 환경에 익숙해지면
조금씩 쉽게 느껴진다. 또 다른 새로운 일이 생기면
이전에 어렵다고 느꼈던 일은 일상이 되어 있다.
아주 작은 계획부터 익숙해지도록 함이
목표를 이루기 위한 첫걸음이다.

다니게 된 센터의 시스템이 참 인상적이었다. 4개월 동안 32회의 수업을 들을 수 있다. 예약제로 운영을 하나 시간대와 요일은 자유롭게 이용할 수 있다. 기간 동안 듣지 않으면 남은 횟수에 대해 연장해 주지 않는다고 한다. 처음에는 그 룰이 좀 야속하게 느껴졌다. 하지만 중요한 부분임을 깨닫게 되었다. 대부분 사람은 자신이 정해놓은 기간 동안 목표를 달성하고 싶어 계획을 세우지만, 끝까지 이루지 못하는 경우가 허다하다.

막연하게 운동해서 살을 빼야지, 건강해져야지 하는 생각만 하는 것과 직접 측정할 수 있는 세부 목표를 갖는 것은 확연한 차이가 있다. 의욕만큼 행동으로 이어지지 않고 작심삼일에 끝난다면 시스템이 갖추어진 곳을 활용하는 것도 좋다. 기한을 정한 계획은 당신이 원하는 목표에 성공할 확률을 높여준다.

시간

자투리 시간이 모여
성공이 이루어진다

누구에게나 하루 24시간은 똑같이 주어진다. 그러나 그 시간을 어떻게 활용하는지는 온전히 자신의 선택에 따라 다르다. 시간을 효율적으로 쓸 수도 있고 그냥 하루가 아무 의미 없이 지나갈 수도 있다. 우리가 정해놓은 목표를 잘 이루기 위해 가장 중요한 것은 바로 시간 계획이다.

목표를 이루기 위해 해야 할 일들은 많고 그에 비하여 시간은 부족하게 느껴져 금방 지쳤던 적이 있었을 것이다. 아이러니하게도 시간이 많은 사람일수록 시간을 잘 활용하지 못하는 사람이 더 많다.

의외로 어렵고 바빠서 시간이 없을 거 같은 사람을 보면 이것저것 하는 일이 더 많은 경우도 허다하다. '도대체 어떻게 바쁜데도 여가생활, 공부, 운동 안 하는 것이 없이 하고 있나? 아니면 잠을 많이 줄이고 하는 걸까?' 궁금증이 생기기 마련이다.

《시간 관리와 자아실현》의 저자 유성은은 계획해서 만든 시간이 아닌 자투리 시간을 잘 활용해야 한다고 한다. 우리가 보내는 하루 중에 여러 곳에서 예기치 않은 자투리 시간이 생긴다. 이것을 잘 활용하기 위해서는 모든 시간은 가치가 있고 버릴 시간이 없다는 생각을 가져야 한다. 자투리 시간이 생길 때 할 수 있는 목록을 미리 적어놓는 것이 좋다.

사람들은 나에게 질문을 한다. 일하는 시간이 많은데 다른 여러 가지 취미나 공부를 어떻게 하냐고 말이다. 자신에게 주어진 하루의 골든타임이 있는데, 그것을 찾는 것이 좋다. 본인의 생활 리듬에 맞추어 가장 중요한 순서를 정해서 실행하는 것이 효율을 높일 수 있다.

쉬는 날 여유가 많아 여러 계획을 세우지만, 오히려 시간이 많다는 생각이 들면서 마음이 느슨해지기 쉽다.

한 시간, 두 시간만 있다가 해도 충분할 것 같다고 생각하며 미루다 보면 어느새 하루가 다 저물어가는 경우가 많다. 충분한 시간이 주어졌음에도 불구하고 오히려 더 못 하게 될 때가 많다. 그 이유는 여유로움이라는 틈을 타고 잠재되어 있던 미루는 버릇이 나타나기 때문이다.

이쯤 되면 시간이 없어서라고는 못 한다. 오히려 해야 할 일이 많

행복한 성공수업

고 바쁠 때 계획을 실행할 가능성이 더 높다. 왜냐하면 시간이 부족한 사람은 그 시간에 움직이지 않으면 할 수 있는 여유 시간이 없기 때문이다. 많은 시간 동안 집중하면 효율이 높아지겠지만 그렇게 하기는 쉽지 않다. 정해진 시간을 활용해야만 하는 경우에 집중하든 못하든 그 시간 안에 하는 것에 더 의미를 두는 것이 도움이 되기 때문이다.

'가랑비에도 옷이 젖는다'는 말이 있다. 남은 시간을 잘 활용하는 것은 같은 시간 안에 더 쉽고 빠르게 목표를 이룰 수 있게 해주는 촉매제가 될 것이다. 당장 눈앞에 결과가 보이지 않고, 얼마 안 되는 시간 동안 무슨 성과가 있겠나 하겠지만, 작은 시간이 쌓이면 당신이 생각한 것보다 훨씬 쉽게 목표를 이룰 수 있게 된다. 자투리 시간을 잘 활용하게 되면 당신이 생각한 것보다 더 빠르게 꿈을 이룰 수 있다.

꾸준히 반복해 습관을 만들자

날씬한 몸을 유지하고 우리의 건강을 지키기 위해서 운동은 꼭 필요하다. 그밖에 운동이 주는 순기능으로 힘든 과정을 이겨내고 나서 느낄 수 있는 성취감이 있다. 우리가 살아가면서 어려움을 극복하는 힘과 도전할 수 있는 의지를 키우는 데 운동은 중요한 역할을 한다.

목표를 잘 이루기 위해

가장 중요한 것은 시간 계획이다.

자신에게 주어진 하루의 골든타임이 있다.

본인의 생활 리듬에 맞추어 가장 중요한 순서를 정해

실행하는 것이 효율을 높일 수 있다.

행복한 성공수업

기초체력이 단련되지 않은 상황에서 마라톤에 참여한다고 치자. 시간 안에 완주하는 것이 목표라면 이루기 어렵다. 당신이 완주할 수 없다고 단정하는 것은 아니다. 그러나 준비가 안 된 상태에서 너무 큰 목표를 향해 가면 의욕만 앞서게 되어 실패하기 쉽다. 시간 안에 완주하기 위해서는 현재의 자신의 상황과 직접 측정할 수 있는 세부 목표가 필요하다.

어떤 일이든 준비가 안 되어 있으면 결과에 도달하기가 어려워진다. 의욕이 앞서면 마음이 급해지고, 동시에 두려운 마음도 든다. 성공해본 경험이 없기 때문에 부정적인 마음이 먼저 든다. 안 될 것 같다는 생각이 들면서 동시에 앞서가는 사람과 비교하게 된다. 키가 작아서, 더 뚱뚱해서 등의 자기합리화를 하면서 안 되는 이유를 찾기 마련이다.

그런 이유로 끝까지 해보자는 용기와 끈기도 금방 사라지게 된다. 만약 포기하지 않고 10분씩이라도 매일 반복하여 운동했다면, 아주 적은 시간이지만 이 행동은 습관으로 자리 잡게 된다. 반복된 행동은 지구력을 키워주기 때문에 끝까지 해내는 힘을 강화해준다.

술에 취한 사람이 필름이 끊겨 기억을 못함에도 집은 잘 찾아간다는 이야기를 들어본 적이 있을 것이다. 나의 지인은 취해서 기억이 나지 않음에도 일어나보면, 평소대로 씻고, 옷도 있던 자리에 잘 걸려 있다고 한다. 이처럼 매일 하는 사소한 행동들이 반복되어 습관으로 자리 잡았기에 무의식 속에서도 행동하게 되는 것이다.

같은 상황에서도 다양한 선택을 하게 된다. 당신도 뭔가를 완벽하게 계획하고 이루고 싶겠지만 이 세상에 완벽한 것은 없다. 반복된 행동은 불가능해 보이는 일에도 자신감을 느끼게 해준다. 습관은 목표를 이루기 위한 준비이다. 목표를 이루기 위해서는 불필요한 에너지를 줄여야 쉽게 실행할 수 있다.

틈새 시간을 놓치지 말고 활용하라

자신에게 주어진 하루의 시간을 잘 활용하는 것은 인생의 방향을 달라지게 한다. 여러 가지 일을 해내는 사람들을 보면 잠도 안 자는 것처럼 보이지만, 그들의 생활을 들여다보면 주어진 시간 안에서 자투리 시간을 잘 활용하여 생활한다. 그 덕분에 효율이 높은 성과들이 많이 나오는 것이다.

외할머니댁에 갔을 때 있었던 일이다. 할머니가 운영하는 한복집에 온 손님이 생각난다. 사용하고 남아서 버리는 자투리 천을 얻어가고 싶어 했다. 버려지는 쓰레기에 불과한데 자투리 천을 얻어가서 뭐에 쓰는지 궁금했다. 시간이 흐른 그 이후 우연히 그 손님이 얻어간 자투리 천으로 만들어진 옷을 보게 되었다.

행복한 성공수업

순간 감탄이 절로 나왔다. 버려지는 자투리 천을 이어서 멋진 옷이 탄생했다. 일부러 이런 천을 여러 개 사서 만들어낸다면 엄청난 비용이 들었을 것이다.

시간도 마찬가지이다. 일하는 시간을 제외한 나머지 자투리 시간이 있다. 그 시간동안 할 수 있는 일에 활용하면 가치가 있는 시간이 된다. 자투리 시간을 활용하면 부담 없이 할 수 있고, 짧게는 6개월, 1년 뒤 당신의 삶은 많은 변화가 있을 것이다.

《하버드의 행동력 수업》의 저자 가오 위안은 "누구에게나 시간은 공평하다. 쓰고 난 시간은 사라진다. 시간 관리를 하는 것은 삶을 관리하는 것과 같다. 시간은 가장 귀한 재산이며 시간이 없으면 삶의 의미도 사라진다"고 했다. 나의 경우도 시간을 잘 활용하여야 한다는 점은 가장 중요하게 생각하는 부분이다.

나는 시간을 돈 버는 것만큼 귀하게 생각한다. 낭비되는 시간을 줄여 온전히 스스로 휴식을 주기도 한다. 시간은 지나가고 나면 다시 돌아오지 않기 때문에 돈으로 환산할 수는 없다. 그러나 누구에게나 공평하게 주어지는 것임에는 분명하다. 나의 경우도 고객이 다녀가고 다음 손님이 오기 전 남는 5분~10분 사이의 자투리 시간을 활용하여 예약 문의와 상담, 간단한 업무처리를 한다. 그래야 일이 끝나는 동시에 모든 업무가 종료될 수 있기 때문에, 퇴근 후나 출근 전에 나에게 주어진 시간을 온전하게 사용할 수 있다.

바쁠 때는 메모지에 해야 할 일들의 체크리스트를 만들어놓는 것이 좋다. 비어 있는 시간에 할 수 있는 간단한 것들부터 처리한다. 일부러 시간을 내서 하려면 개인적으로 쉴 수 있는 내 시간이 줄어들게 되기 때문이다. 어쩌다 한두 번은 괜찮지만, 장기간 이어지면 계획했던 목표들이 부담으로 느껴지고 포기하기 쉬운 환경이 된다.

아무리 바쁜 사람에게도 하루에 자투리 시간은 있다. 간단히 할 수 있는 일들은 틈새 시간을 활용하면, 일부러 시간을 만들어내서 하는 것보다 더 쉽게 할 수 있다는 것을 기억해야 한다. 집중해야 하는 일과 쉽게 해결할 수 있는 일을 분리하는 것이 좋다.

간단하게 할 수 있는 일들은 이동하는 시간 등 자투리 시간을 활용해보자. 하루 동안 당신에게 주어진 시간으로부터 자유로워진다면 시간에 쫓기지 않고 주인이 되어 원하는 방향으로 삶을 이끌어 갈 수 있게 된다.

구체적인 상상이 곧 현실이 된다

성공을 위해서 목표를 정하는 것은 필수요건이다. 작은 목표라도 성공 경험을 하는 것이 중요하다. 경험을 기반으로 조금씩 큰 목표를 향해 가야 한다. 여기에서 목표의 크기는 중요하지 않다. 처음부터 큰 목표는 성공시키기 어렵다. 먼저 현재의 자신의 상황을 알아야 한다. 그다음 원하는 목표가 현실 가능한지 파악한다. 아무리 좋은 목표라도 지금 나의 상황과 맞지 않으면 이루기 어렵기 때문이다.

막연하게 이루고 싶은 꿈이 있는가? 꿈을 좀 더 구체적으로 계획한다면 상상은 현실이 된다. 먼저 지금 할 수 있는 것과 나중에 해도 되는 것을 구분하자. 우선순위를 정하고 가장 쉬운 것부터 도전해보자. 그러면 생각지 못한 기회들을 발견하게 된다. 누구에게나 여러 번의 기회는 온다. 다만 준비된 상황에 따라 기회를 잡을 수도 지나칠 수도 있다.

지금 환경에서 벗어나고 싶은 고통을 느끼고 있는가? 아니면 누군가의 인정을 받고 싶은가? 당신은 이루고 싶은 꿈은 무엇인가? 이 질문을 하는 이유가 있다. 원하는 삶을 얻기 위해서는 먼저 어떤 분야의 전문가가 되겠다는 목적이 있어야 한다. 무엇을 위해서, 왜 해야 하는지에 대한 목적의식이 없다면 조금의 어려움에도 쉽게 포기할 수밖에 없다. 목표를 이루었다 하더라도 자신이 원했던 일인지 의심하게 된다. 만족감을 느끼지 못하는 현상이 지속되면 사소한 일에도 쉽게 지쳐 삶의 질마저 떨어지게 되는 것이다.

목적지 없이 계속해서 간다면 당신이 아무리 많은 것을 가졌다 하더라도 행복을 느끼지 못한다. 즉, 어디에서 무엇을 찾을지에 대한 상세한 목표가 없기 때문이다.《결국 해내는 사람들의 원칙, The Answer》의 저자 앨런 피즈는 인생이 흘러가는 양상이 만족스럽지 않다면, 인생의 목표가 명확하지 않아서라고 했다. 현재 내가 있는 곳과 가고 싶은 목적지를 확실하게 알게 된다면 그에 따른 의욕도 생기게 된다.

부를 이룬 사람들의 이야기를 들어보면 가난한 환경 속에서 고통스럽게 살았던 결핍이 동기가 되었다고 한다. 목표를 이룬 사람들의 공통점은 위기를 기회로 생각하고 열심히 노력했다는 것이다. 결핍과 기대로 만들어진 동기부여는 추진할 수 있는 행동력을 키워준다.

각자가 추구하는 삶의 방향이 같지 않기에 기준도 다르다. 무엇이 되었든 우리를 움직이게 하고 행동으로 하게 하는 것은 바로 목표이다. 목표를 이루기 위해서는 동기가 필요하다. 동기가 충분할 때 계속해서 노력하게 되기 때문이다. 목적이 분명할 때, 그 일이 나에게 가치가 있다고 느낄 때, 현실적으로 가능하다고 느낄 때, 목표를 이루기 위한 구체적인 계획도 세울 수 있게 된다.

목표가 뚜렷해야 꿈을 이룰 수 있다

"꿈은 이루어진다." 많이 들어본 말이다. 반면에 '꿈같은 생각'이라고 여기며 불가능하다고 생각하는 사람들도 많다. 신기하게도 우리의 몸은 자신이 반복적으로 생각한 것들이 잠재의식에 자리 잡게되어 그 방향으로 이끌려간다. 물론 목표한 것이 늘 성공을 보장할 수는 없다. 꿈을 이루기 위해서는 그 일을 왜 해야 하는지 생각하고 가치를 찾아야 한다. 현실적으로 나의 상황에서 가능한지, 계획한 목표를 이루기 위한 순서나 어떤 방법으로, 언제까지 이뤄야 하는지 정해야 한다. 그 이유는 원하는 목적이나 목표의 기준이 없다면 이런저런 방법만 찾다가 지쳐 쉽게 포기하게 되기 때문이다.

삶의 익숙한 영역 끝자락에서 꿈은 이루어진다. 나 또한 고객의 칭찬 한마디에 꿈을 상상했다. 누군가의 멘토가 되는 건 어떨까? 반복적으로 생각을 하다 보니 학생을 가르치는 선생이 되고 싶어졌다. 강의하기 위해서 석사학위가 필요했다. 여러 준비 과정을 거쳐 입학했지만, 막상 학교를 가보니 이미 강의하고 있는 경우도 있었고, 전임교수가 되기 위해 오거나 미용 고등학교에 선생님이 되기 위해 온 사람들이 대부분이었다.

"졸업하면 어디 강의 나갈 계획이 있으세요?" 동기가 던진 질문에 순간적으로 당황했다. 강의하는 모습을 자주 상상했다. 언젠가 강의할 수도 있을 거라는 기대를 하고 대학원에 왔지만 언제 어떻게 해야 할지 생각하지는 못했다. 이미 계획이 분명한 사람들도 있는데 내가 강단에 설 기회는 있을까? 현실적으로 쉽지 않을 것 같다는 생각이 들었다.

이루어질지 아닐지 모르는 꿈을 상상하는 습관이 생겼다. 거울을 보면서 인사하는 장면을 떠올렸다. 얼굴에 미소가 지어진다. 가끔 사람들은 나에게 이상을 좇는 공상가라고 한다. 하지만 꿈을 현실화하기 위해 노력했다. 드디어 마지막 학기가 되었다. 꿈으로만 끝날 것 같았던 강의 기회가 나에게도 찾아왔다. 상상하던 일이 현실에서 이루어지게 된 것이다.

나에게 기회가 빨리 찾아온 것은 똑똑해서도 대단해서도 아니었다. 교수가 되고자 많은 사람이 인맥이나 조건처럼 화려한 백그라운드를 만들기 위해 애쓴다. 그러다 보면 교수가 되기 위해 전공에서 벗어난 부분들까지도 가리지 않고 다양하게 배우는 경우를 많이 본다. 어느 순간 자신이 생각했던 목적이 흐려진 셈이다. 어쩌면 목적 없이 목표만 가져서일지도 모른다. 뚜렷한 목적 없이 교수가 되기만을 꿈꾸다 보니 점점 지쳐간다.

동일 기간 내가 목표를 이룰 수 있었던 것은 학교를 온 목적이 뚜렷했기 때문이다. 목표에 따른 선택과 집중을 했기 때문에 오히려 더 빠른 성과를 나타낼 수 있었다. 학생들을 가르치는 모습을 상상했던 시간이 성공의 가능성을 키우는 씨앗이 되었다. 상상해본 적이 없는 일들이 이루어지기는 어렵다. 그러나 꼭 알아야 할 것이 있다. 당신의 생각은 상상을 현실로 만들 수 있다는 것을. 아무리 벅차 보이는 꿈이라도 당신의 생각이 성공의 열매를 만들어줄 씨앗임을 꼭 기억하기를 바란다.

인생의 목표를 세우자고 다짐하다

성공하고 싶은 마음에 무작정 서울로 올라왔다. 디자이너가 되기 위해 하루하루 열심히 살았다. 미용을 선택했을 때부터, 배우는 과정 동안 만났던 멘토분들이 많이 있었다. 그 덕분에 목표가 하나씩 생겼고, 도전하면서 성장해왔기에 많은 기회도 있었다. 그런데 경제적인 부분에 대한 것을 생각해본 적이 없었다.

어느 날 우리 매장에 머리를 하러 온 고객이 나에게 질문을 했다. "민경 씨는 무엇 때문에 열심히 하는 거예요?"라고 물었다. 질문에 막연하게 "열심히 해서 부자가 되어 행복해지려고요"라고 했다. 그러자 "얼마나 돈이 있어야 부자라고 생각이 들어요?"라고 물었다. 나는 50억…?"이라고 대답했다.

그러자 손님은 "욕심이 있어 진짜 그렇게 되겠네요. 그런데 50억이 있으면 행복할 거 같아요? 절대로 그렇지 않아요. 50억이 있으면 100억 있는 사람들과 비교하게 돼요. 50억도 아주 큰돈이지만, 자신만의 기준이 없으면 그 큰돈도 작게 느껴져요. 물론 50억만으로도 경제적 풍요로움이 주는 즐거움도 있어요. 그러나 그 돈을 지키고 불려야 된다는 것에 집중되면서 돈이 많아도 행복할 수 없어요. 열심히 사는 것도 중요하지만 현실적으로 실현할 수 있는 구체적 목표도 필요해요"라고 말했다. 사실 50억이라고 대답한 것은 나에게 질문을 던진 고객님이 부유한 상황이었기 때문에 그냥 내 기준에서 엄청나게 큰 금액이라 생각이 들어서 터무니없이 말을 뱉은 것이었다.

한번은 친구가 나에게 "민경아 로또에 당첨이 되면 뭐 할 거야?"라고 물었다. 그 질문에 나는 "일하는 공간을 확장해야지"라고 이야기했다. 그랬더니 친구는 "나는 로또 당첨되면 일 그만두고 세계여행하고 올 생각만 했는데…. 너는 돈이 생겨도 일할 생각을 하는 게 신기하다"고 했다.

그때 깨달았다. 단순히 50억이라는 돈이 있기를 원했다는 것보다 돈이 많으면 일을 안정적으로 자유롭게 할 수 있어서 돈을 벌고 싶었던 것을 알게 되었다. 막연하게 부를 갖고 싶은 꿈은 그렸지만, 구체적인 계획은 세워보지 못했다.

반면에 일에 대한 부분은 굉장히 구체적이었던 목표와 계획들은 많이 이루고 있었다. 일을 해서 돈을 벌고 나의 목표와 꿈을 위해 배우고 생활하는 데 지출하느라 모아놓은 것도 없을 정도였다. 경제적인 부분에 대해서는 생각조차 안 해보았던 나에게 고객이 해준 이야기는 나에게 신선한 자극이 되었다.

지금까지는 내 일에 대한 목표만 가지고 살아왔지만 내가 하는 일을 자유롭게 하기 위해서 갖추어야 할 것들이 있다는 생각이 들었다. 이제는 나의 전반적인 인생의 목표를 세워야겠다고 다짐했다. '그래! 내 집이 있어야겠다. 집이 있으면 샵이 어려워져도 내가 가진 기술이 있으니 어디서든 일을 할 수 있지만, 샵이 어려워질 경우에 집도 없으면 고향으로 내려가야 하는 건가?'라는 생각이 문득 들었다.

어느덧 서울을 올라 온 지 10년이 되어 가는 동안 열심히 해서 조금씩 성장하고 있는데도 뭔가 이뤄놓은 것이 없다고 느껴졌다. 어릴 적에는 매장을 운영하는 것만으로도 뭔가 큰 성공한 것처럼 나를 바라봐주었다. 서울에 연고도 없었던 내가 나름대로 자리를 잡아가도 조그마한 작은 매장 운영, 월셋집에 사는 것이 냉혹한 현실이었다.

그때 나는 꼭 집을 사겠다고 마음먹었다.

《시크릿》의 저자 론다 번은 끌어당김의 법칙이 있다고 한다. 우리가 생각할 때 생각에는 끌어당기는 힘이 있다. 그 힘과 주파수가 일치되면 그것이 우주로 전송되고, 자석처럼 주파수에 있는 것들을 생각하는 힘이 끌어당긴다는 것이다. 지금까지의 모든 일어나는 일들은 스스로가 끌어당긴 것이다. 당신의 마음과 생각이 지금을 만들었다. 무엇을 느끼든지 간에 그 생각과 경험들은 당신의 미래를 결정하게 된다. 결론적으로 당신이 믿든 믿지 않든지에 상관없이 지금, 이 순간에도 끌어당김의 법칙은 당신에게 적용되고 있는 셈이다.

늘 꿈꾸고 있어야 빠른 판단이 가능하다

집을 사고 싶은 마음은 간절했지만, 대출도 받아야 하고 큰돈이 오고 가는 것에 갑자기 겁이 났다. 부동산 사장님이 꼭 계약 안 해도 되고 다른 사람한테 해도 상관없으니 한번 보기라도 하라고 하셨다. 사장님을 따라 집을 보러 갔다. 아파트라 어느 층을 가도 구조가 똑같았다. 내가 가지고 있는 돈으로 살 수 있는 선택지는 별로 없었다.

두 곳의 아파트를 보고 왔는데, 더 마음에 드는 한 곳이 있었다. 만약 하게 되면 여기가 더 나을 거 같은 생각이 들었다. 딱 한 번 보고 큰 금액이 들어가는데 결정하기는 쉽지 않았다. 그런데 생각해보

행복한 성공수업

누군가의 칭찬 한마디에 꿈을 상상했다.
상상했던 생각이 성공의 가능성을 키우는 씨앗이 되었다.
물론 목표한 것이 늘 성공을 보장할 수 없지만,
상상해본 적 없는 일들이 이루어지기는 어렵다.
삶의 익숙한 영역의 끝자락에서 꿈은 이루어진다.

니 투룸의 전세를 가더라도 대출은 받아야 할 것이고, 그렇지 않으면 월세를 내야 하는데 차라리 대출을 껴서 사고 은행에 월세를 내는 것이 괜찮을 거 같다는 생각이 들었다.

다음 날 부동산 사장님께 연락이 왔다. 다른 사람이 사고 싶어 하는데 오늘까지 할 것인지에 대해 결정을 해야 한다고 했다. 보러 갔던 집의 주인은 뒤에 보러 온 사람이 더 높은 금액을 제시했지만, 먼저 이야기했던 사람에게 선택권을 주고 싶다고 했다. 고민할 시간도 없이 하겠다고 말해버렸다. 부모님과 상의도 없이 그냥 결정을 해버린 것이다.

갑작스러운 결정에 계약금을 내야 하는데 통장에 돈이 다 빠져나가버려 계약금도 없었다. 적금을 깨려고 해도 다음 날 은행 문을 열어야 가능했다. 그러자 부동산 사장님이 빌려주신다고 하셨다. 꿈에 그렸던 내 집을, 그것도 강남에, 그렇게 하루 만에 일사천리로 계약이 이루어진 것이다. 계약서를 쓰고 부모님께 전화를 드렸다. 집을 보러 간다고 이야기한 지 하루밖에 지나지 않았는데 상의도 없이 했냐고 놀라셨다.

《스캣》의 저자 권업은 예상하지 못한 상황에서 아주 빠르지만 좋은 판단을 할 수 있는 힘에 대해, 분명한 목표와 유사한 상황에 대한 지식을 갖고 있다면 상황에 대해 정확하게 파악할 수 있다고 한다. 그리고 규칙에 얽매이지 않는 자율성이 보장된다면 잠재된 창의성을 극대화할 수 있다고 했다.

당황해했던 부모님은 한숨을 고르고 난 후 집은 있어야 한다고 하시며 잘했다고 하셨다. 부모님도 황당했을 것이다. 갑자기 계약했다고 하고, 계약금도 없어서 빌려서 냈다고 하니 얼마나 당황했겠는가. 특히 우리 부모님은 빚을 지거나 돈을 빌리고 하는 것을 무지 싫어하신다. 늘 성실하게 남에게 베풀고 살아야 한다고 입이 닳도록 이야기하셨으니 걱정이 많을 수밖에 없었다.

부동산 사장님께 빌린 돈은 엄마가 바로 보내주신다고 해서 계약을 다 마치고 나서 갚아드렸다. 있는 돈 없는 돈 모두 긁어모아 집을 장만하게 되었다. 그것도 강남에. 물이 흐르듯 일사천리로 이루어졌다. 꿈만 같았던 일들이 현실로 이루어졌다.

지금 생각해봐도 순간의 선택이 삶의 방향을 많이 변화시켰다. 아마도 나의 마음속 깊은 곳에 꿈꾸고 있었던 무의식이 현재 상황과 일치되었다고 느껴졌기에 빠른 판단을 할 수 있었다. 우리가 어렵고 불가능하겠다고 생각했던 목표들이 이루어지지 않더라도 마음속에 간절히 내가 원하는 꿈을 갖고 있어야 한다. 그 꿈을 향해 기준을 갖고 걸어가야 어떤 기회가 왔을 때를 바로 알아차릴 수 있고, 빠르지만 정확한 판단을 할 수 있는 힘이 생긴다.

목표

실현가능한 목표로
성공을 경험하라

1981년 조지 도란이 포럼에서 처음으로 목표를 달성하는 SMART 기법을 발표했다. 그는 목표가 명확하고 구체적일 때, 현실적이고 측정가능할 수 있는 목표의 기한이 정해져 있을 때 성취할 가능성이 커진다고 했다. 그런 성취도가 반복적으로 높아지면서 어느 순간 내가 원하는 모습으로 성장해 있는 것을 경험할 수 있다는 것이다. 이 전략은 경영학, 심리학, 의학, 교육학 등 다양한 학문에서 목표를 달성하기 위한 목표설정 전략으로 많이 활용되고 있다.

목표는 구체적Specific이고 측정Measurable할 수 있어야 한다. 우리가 상대방과 어떤 상황에 대해 대화를 할 때를 생각해보자. 상대방의 말에 신뢰가 가고 설득되는 경우를 보면, 육하원칙에 맞추어

행복한 성공수업

이야기할 때 더욱 전달력이 좋고 이해가 잘 된다. 마찬가지로 내가 정한 목표도 구체적이어야 하고, 의미와 가치가 부여되어야 한다는 것이다.

목표를 이루기 위해서는 실현가능Attainable해야 하고 현실적Realistic이어야 한다. 자신이 정해놓은 목표를 완성할 가능성이 있는지도 판단하여야 한다. 목표를 위해 언제든 변경할 수 있는데 어려움이 생긴다면, 실현할 수 있는 가능성은 떨어질 수밖에 없다. 그러므로 좋은 목표보다는 실현할 수 있는 목표여야 목표 달성을 이룰 수 있다.

목표를 정할 때는 기한Timely을 설정하여야 한다. 목표를 언제까지 이룰 것인지 명확할 때 이루기가 쉽다. 단순히 자격증을 따겠다는 계획보다 몇 월에 있는 어떤 자격증 시험을 준비해서 취득하는 것을 목표로 정하는 계획이 더 좋다. 기한이 없으면 긴장감도 낮아지게 되고 자꾸 미루는 습관이 생겨, 결국은 시작한 지 얼마 안 되어 포기하게 되기 때문이다.

우리가 목표를 세워놓고도 쉽게 포기하게 되는 이유는 구체적이지 않거나, 그 목표가 쉽게 측정할 수 없고, 현실적으로 봤을 때 실현할 수 있는 전략이 없었기 때문이다. 성공적으로 목표를 이루기 위해서는 명확한 기준이 있어야 한다. 기준이 있어야 그것을 어떻게 해야 할지 계획을 세울 수 있고 현실적으로 내가 할 수 있는 범위인지를 측정할 수 있다.

목표는 측정할 수 있어야 한다

먼저 계획한 목표의 대상이 무엇인지 알아야 한다. 내가 원하는 목표인지, 아니면 직장에서 팀의 목표인지 알아야 한다. 자신의 내적인 요인이나 환경에서 오는 요인이 중요하기보다 목표 달성하기 위해 필요한 것이 무엇인지, 내가 왜 이 목표를 달성하고자 하는지의 목적이 분명해야 한다.

정해진 목표를 이루기 위해 어디에서 어떻게 실행해야 할지 파악해야 한다. 그 계획을 진행할 때 어느 정도의 기간이 필요한지, 언제부터 할 수 있는지 정해야 한다. 목표를 이루기 위해 선행되어야 할 조건들은 있는지 체크해보는 것이 좋다. 목표만 세웠다고 끝나는 것이 아니다. 목표를 이루는 과정에서 제약이 있는지, 나아가 목표를 이루었을 때 나한테 어떤 혜택이 생기는지까지 생각해보아야 한다. 목표를 이뤄야 하는 이유라는 상위의 목적을 점검하고 의미를 부여할 만한 것을 모두 생각해보는 것이 좋다.

A와 B의 대화를 예로 들어보겠다. A가 B에게 "이번 주 일요일에 뭐해?"라고 물었다. B는 "서울에 다녀오려고 해"라고 말했다. 이때 서울에 가는 것이 목표이다. 하지만 서울 강남구 대치동에 다녀올 계획이라고 이야기하는 것이 좀 더 구체적이지 않은가? 이처럼 다이어트를 하기 위해서 살을 뺀다는 단순한 목표보다는 한 달에 1kg

행복한 성공수업

씩 감량이라든지, 5kg 감량하기처럼 목표를 구체적으로 만드는 것이 중요하다.

구체적인 목표를 정했다면 그 목표가 측정할 수 있고 목표를 이룰 수 있는 가능성이 있는지 체크해보아야 한다. 예를 들어 다이어트를 하기 위해 하루에 1시간 공원 뛰기, 1시간 동안 요가 하기처럼 내가 목표한 체중감량을 위해 하루 동안 얼마만큼의 시간을 할애해서 운동해야 하는지 측정해서 정하면, 내가 원하는 목표를 달성하기가 쉬워진다. 단순하게 공부를 해야겠다는 것보다는 이번 수학 과목 시험은 90점 이상을 목표로 노력하겠다고 한다면, 수학을 공부하기 위해 하루에 몇 시간 정도를 수학 공부에 투자해야 하는지 측정할 수 있어야 좋다는 것이다.

경영학자 피터 드러커는 '측정할 수 없는 것은 관리할 수도 없다'고 했다. 우리가 눈에 보이는 것 이외에도 가치 있고 중요한 것들이 많다. 그러나 측정할 수 없는 것은 내가 계획한 결과를 체크하기 어렵다. 원하는 목표로 가는 데 어려움이 생기게 된다. 그러다 보면 성공 경험보다 실패 경험을 더 많이 할 가능성이 커지기 마련이다.

자신이 정한 목표가 잘 진행되고 있는지 체크하기 위해서는 그 상황을 객관적으로 파악하는 것이 중요하다. 누군가가 항상 옆에서 관리해주면 좋지만 내가 정하고 계획한 목표는 스스로가 가장 잘 안다. 그러므로 체크리스트를 만들어서 꾸준히 실행하다 보면 자신이

원하는 목적이 뚜렷할 때,

목표에 따른 선택과 집중을 할 수 있다.

목표는 구체적이고 측정할 수 있어야 한다.

현실적으로 자신이 실행 가능한 목표일 때 이루기 쉽다.

정해놓은 기한 안에 목표를 이룰 가능성이 커진다. 그로 인해 성취감도 느껴볼 수 있는데, 이런 성취감을 많이 경험하면 계속해서 동기가 부여된다. 목표는 얼마나, 어떻게 해야 달성할 수 있는지 측정할 수 있어야 한다.

실행가능하고 현실적인 목표를 세우자

막연하게 꿈꾸는 정보만으로 목표를 세우는 것은 이루어지기 어려울 가능성이 높다. 내가 정한 목표를 이루기 위해 구체적으로 목표를 뒷받침할 세부 항목들을 생각해보아야 한다. 성공하는 사람들 대부분은 실현할 수 있는 목표를 중심으로 행동 지향적인 성향을 보인다. 그러므로 목표는 행동으로 옮길 수 있는 실현 가능한 것이어야 한다. 또한 현실적으로 목표를 이룰 수 있는 환경인지도 중요하다.

예를 들면 '다이어트를 해야지'보다는 '다이어트를 위해 헬스장을 끊어서 다녀야지'라는 식으로 실행할 수 있는 목표가 좋다는 것이다. 앞에서 말한 것처럼 구체적이고 측정할 수 있는 목표를 행동으로 옮겨야만 목표를 달성할 가능성이 커진다. 즉, 아무리 좋은 생각을 하고 있어도 행동으로 옮기지 않으면 의미가 없다.

행동으로 옮기기 위해서는 현실적으로 실천가능한 목표여야 한다. 구체적으로 좋은 목표와 계획을 세웠다 하더라도 그 목표를 향해 시간과 노력을 투자할 수 있는 환경이 안 된다면 실패할 확률이 높아진다. 예를 들어 '나는 한 달 안에 영어 공부를 해서 아주 유창하게 영어로 강의하겠다'라고 목표를 정했다고 하자. 이 경우에는 한 달이라는 짧은 기간 동안 공부한 것으로 이룰 수 있는 것이 아니기 때문에 현실적으로 어렵다. 이런 목표는 실행 가능성이 작기 때문에 이루어지기도 어렵다. 차라리 영어 실력이 높지 않다면, 한 달 동안에 토익 500점을 목표로 정하는 것이 더 좋다.

만약 당신이 직장을 다니고 있다면 일이 끝나고 영어 공부를 하기 위해 시간을 낼 수 있는 환경인지 고려해야 한다. 지나치게 이상적인 목표나 너무 상위의 목표는 이루기 어렵다. 왜냐하면 이루어질 가능성이 있다는 생각이 들 때 노력도 하기 때문이다. 아무리 좋은 목표라도 장기간 길어지면 중도에 지쳐 포기하게 되는 경우가 많다. 그러므로 목표는 현실적으로 가능한 것이어야 한다.

이제 막 미용의 길로 진로를 결정했다고 하자. 유명한 헤어디자이너가 되는 것이 꿈이다. 물론 큰 꿈을 꾸는 것도 중요하다. 그렇지만 좀 더 현실 가능한 목표로 접근해야 한다. '3년 안에 청담동에서 디자이너가 될 것이다'라든지, '1년 안에 미용 자격증을 취득'하는 것을 목표로 세운다면 현실적으로 꿈을 이루기가 쉬워진다.

세부적으로 나눈 목표가 현실적으로 가능해졌을 때, 좀 더 큰 꿈을 향해 나아가는 데 도움이 된다. 스스로가 정한 기준보다 약간의 높은 난이도는 괜찮지만, 너무 무리하게 높은 목표설정은 이루기 어렵다. 그러므로 실행할 수 있는 목표를 세우는 것이 좋다.

목표를 정할 때 자신의 환경이나 현재 상황을 명확하게 파악하는 것이 좋다. 너무 쉽게 가려고 하면 성취도가 낮은 목표를 선택할 수밖에 없다. 성취도가 낮으면 처음에는 쉽게 접근할 수 있는 반면에, 금방 재미가 없어져 흥미를 잃어버리게 된다. 그러므로 내 수준보다는 조금 더 높은 목표를 설정하는 것이 좋다.

이렇게 목표는 구체적이고 측정할 수 있어야 한다. 목표는 성취할 수 있어야 하고 자신의 현재 상황과 연관성이 있어야 한다. 너무큰 목표나 다양한 목표보다는 스스로가 실제로 할 수 있는 목표를 한 가지라도 구체적으로 세워서 완성해보자. 작은 목표를 이루면서 성취감을 얻을 수 있고 그로 인해 자신감도 얻을 수 있을 것이다.

마감

마감이 일을 완성하게 만든다

너무 막연한 목표는 이루어지기 어렵다. 돈을 많이 벌고 싶다고 하자. 스스로가 생각하기에 얼마의 돈을 소유해야 만족하는지 기준이 없다면 이루어지기가 어렵다. 따라서 목표를 세분화하는 것이 중요하다.

인생에서 가치 있는 일, 필수적인 일, 생산적인 일, 해도 안 해도 그만인 일을 분류하자. 만약 꼭 하지 않아도 되는 것들이 있다면 삭제해도 좋다. 이때 아예 흔적도 없이 지우지는 않아도 된다. 왜냐하면 그 순간에 떠올랐던 생각이 지금 상황에서는 필요하지 않지만, 어느 정도 목표를 이루고 나면 필요해질 수도 있고 향후 아이디어로 활용될 수도 있기 때문이다. 그렇게 낙서하듯이 지우고 적고 한 것을 새로운 곳에 우선순위별로 정리하자.

오랜 시간을 투자해야 하는 장기목표는 하루, 일주일 동안에 너

행복한 성공수업

무 많은 양을 정하지 말자. 아주 조금의 분량을 꾸준히 하도록 계획하자. 단기목표를 빨리 이루어 성공 경험을 많이 할수록 당신이 원하는 성공에 가까워지게 된다. 쉽게 할 수 있는 목표부터 시간을 분배하여 실행하는 것이 좋다. 그렇게 단기목표의 결과를 통해 작은 성취를 경험하게 되면, 그 경험들은 또다시 동기를 갖게 해준다.

단기목표, 중기목표까지 이루고 나면 어느 순간 아주 조금씩 쌓인 당신의 노력이 장기목표에 가깝게 와 있을 것이다. 자신도 인식하지 못하는 사이 내가 했던 작은 노력들이 우리가 밥 먹고 씻고 잠자는 것과 같이 내 몸에 익숙한 습관으로 자리를 잡았을 것이다. 그런 패턴이 반복되면 장기목표도 단기목표처럼 느껴진다.

단기목표의 성공률이 높아질수록 할 수 있을 것 같은 긍정적인 기대감이 생기고, 도전할 용기가 생긴다. 막연하게 '이룰 수 있을까?' 했던 목표들이 쉽게 이룬 것처럼 받아들여지게 된다. 그 경험은 더 높은 목적의식으로 확장되어 나의 인생도 변화하는 경험을 맛볼 수 있다.

먼저 내가 꼭 해야 하는 일, 하고 싶은 일을 적어보자. 목표를 이루기 위한 시간이 오래 걸리는 것부터 가장 짧게 소요되는 것까지 나열해보자. 그 목표를 이루기 위해 해야 하는 것을 세분화하여 체크리스트를 만들어보자.

기한을 정해야 목표가 이루기 쉽다

올해는 자격증을 따야겠다는 다짐과 함께 책을 구입하며 계획을 세워본 적이 있는가? 아니면 당신의 미래를 위한 자기 계발을 하기 위해 자격증을 따야겠다는 계획을 세워본 적이 있는가? 두 가지 모두 자격증을 취득하려는 목적은 같다. 그러나 자기 계발을 위해 자격증을 취득하려고 한다면 끝까지 완성하기 쉽지 않다. 오히려 올해 안에 자격증을 꼭 취득해야 하는 상황이 목표를 이루기 쉽다. 그 이유는 기한이 있는 목표가 힘이 있기 때문이다. 자격증을 취득하기 위해 언제까지 그 계획을 달성할지를 명확하게 하는 것이 목표에 성공적으로 도달할 수 있다.

무슨 일이든지 여유 있게 할 수 있는 것이 좋다. 그러나 아이러니하게도 사람은 긴장감이 있을 때 훨씬 더 에너지가 생기고 발전적으로 나아가게 된다. 기한이 없으면 그 틈을 타고 미루는 습관들이 활개를 치기 때문이다.

학교에서 학생들과 수업을 진행해보면 기한이 있을 때 집중력이 높아지고 성공확률도 높아지는 경우를 많이 보게 된다. 학교는 15주라는 시간을 버텨야 한 학기를 마무리할 수 있다. 처음 학생들이 입학했을 당시에는 다양한 지식과 기술을 배우고 싶어 한다. 그러나 한 주, 두 주 지나가면서 처음의 의지는 희미해지기 마련이다. 물론 항상 열심히 하는 학생들도 있지만, 대부분 학생들은 끝까지 해내는 힘이 약한 경우가 많다.

무수히 많은 교수법을 시도하여 지도해보지만 쉽지 않다. 그런데 중간평가를 볼 때는 확연하게 달라진다. 매주 수업 시간에는 더 많은 시간이 주어졌음에도 완성하지 못하는 경우가 많다. 그런데 그렇게 완성해보지 못한 학생들도 시험 기간에는 더 짧은 시간임에도 불구하고 미완성으로 제출하는 경우가 드물다. 여기서 강조하고 싶은 것은 기한이 있을 때 몰입도가 높아진다는 것이다.

마감이 주는 힘은 목표를 완성하는 데 있어 중요한 역할을 한다. 자신이 정한 목표에 대한 예상되는 완료 시기를 설정해야 한다. 때론 추상적인 목표도 필요하나 너무 추상적이면 목표를 이루는 데 방해요소가 될 수 있다. 그러므로 추상적인 목표만 정하는 것보다는 한 달이나 일 년처럼 목표에 따라 구체적으로 짧고 굵은 기한을 설정하는 것이 좋다.

《결국 해내는 사람들의 원칙, The Answer》의 저자 앨런 피즈는 목표는 반드시 기한이 있어야 한다고 했다. 그래야 나의 계획과 나 자신 사이의 정서적 연대를 강화하고 걱정 근심이나 미루는 버릇, 게으름을 물리쳐갈 힘을 준다. 기한이 주는 효과는 최종 결과에 집중하게 해주고 목표를 향해 가는 길에 생기는 장애물과 주변의 부정적 언급에 대한 저항력을 높여준다는 것이다.

나의 경우도 의지가 강해서 목표를 잘 이룬 것은 아니다. 기한이 주는 힘을 많이 활용한다. 자신의 의지만으로 할 수 있다면 더할 나위 없이 좋을 것이다. 하지만 그런 경우는 실패로 끝날 때가 많았다. 성공했을 때는 대부분 기한이 있는 목표였다.

운동을 다닐 때 1년을 목표로 정하고 헬스장을 등록했다. 단기로 하는 것보다 장기로 결제하는 것이 훨씬 저렴하기 때문이다. 6개월 정도의 비용에 조금의 돈을 보태면 1년 회원권을 사용할 수도 있다. 그런데 3개월에서 6개월까지의 기간이 지나면 점점 의지가 약해진다. 그래서 처음에는 비싸더라도 3개월씩만 헬스장을 등록해서 기한을 짧게 설정했다. 짧은 기간에 정한 목표는 성공률이 높았다. 익숙해지고 나서 조금씩 기간을 늘렸다. 지금은 1년을 끊어서 운동을 다녀도 잘 유지할 수 있게 되었다.

기한을 정하는 것은 목표를 완성하는 데 아주 중요하다. 하지만 장기간이 소요되어 이루기 어렵다 느껴진다는 사실이 끝까지 마무리하기 힘들게 한다. 그러므로 기한을 정할 때는 자신의 라이프스타일을 파악하고 처음에 비용이 더 많이 든다고 하더라도 기한 안에 목표를 완성하는 경험이 중요하다. 장기간을 설정해서 중간에 포기하게 되는 것보다 짧은 기간으로 정하면, 목표를 이룰 확률이 높아지기 때문이다. 이렇게 짧지만 여러 번 목표를 이루게 되면, 나중에 장기간의 목표도 쉽게 달성할 수 있고 성공 가능성도 커진다.

행복한 성공수업

우리가 원하는 꿈을 이루기 위해
목표를 세우는 것은 중요하다.
하지만 뚜렷한 기준 없이 나아가기만 한다면
불필요한 곳에 에너지를 소모하게 된다.
수치화할 수 있는 구체적인 기준은 나침반처럼
방향을 제시해주어 목표의 성공률을 높여준다.

목표를 수치화할수록 성공하기 쉽다

우리가 원하는 꿈을 이루기 위해 목표를 세우는 것이 중요하다. 정해놓은 기준이 있는 것과 없는 것은 성장하는 데 큰 차이가 있다. 뚜렷한 기준 없이 나아가기만 한다면 불필요한 곳에 에너지를 쓰게 될 확률이 높기 때문이다. 불필요한 곳까지 에너지를 소모하는 행동이 습관이 되면 미래에 대한 불확실성만 커지게 된다. 시도해보기도 전에 포기하게 되고 의욕도 점점 사라지게 된다.

구체적인 기준을 정하는 것은 나침반처럼 방향을 제시해주며 이루고자 하는 목표의 성공률을 높여준다. 우리는 목표를 이루기 위해 계획을 세운다. 그런데 계획은 수치화할수록 추진하는 힘이 세진다. 예를 들어 다이어트를 위해 날씬해져야겠다는 막연한 목표보다는 기한을 정하는 것이 좋다. 일 년 동안 한 달에 1kg을 감량해서 날씬해지겠다고 구체적으로 정할수록 실현 가능성은 커진다. 어떤 방법이든 다이어트를 해서 날씬해지기만 하면 되는 것으로 생각하겠지만, 숫자가 들어간 수치를 설정하는 것만으로도 목표에 대한 기대가 생기게 된다. 기대는 계속해서 노력하게 되는 동기를 제공하기 때문에 목표는 구체적 기한이 있어야 한다.

P와 커피숍에서 만나기로 했다. 조금 일찍 도착했다. 유리창 밖으로 낯익은 얼굴인데 누구였나 싶어 한참을 쳐다봤다. 오늘 만나기

로 했던 P였다. 통통한 타입이었는데 너무 날씬해져서 나타난 것이다. 잘 지냈냐는 안부 인사보다 어떻게 살을 뺐는지가 입 밖으로 먼저 나왔다. 다이어트 스토리가 궁금했다.

P가 입을 열었다. "10kg을 빼려고 했어. 식단 조절도 하고 PT도 받아 한 달 만에 감량했었어. 하지만 일상생활로 돌아가니 요요현상이 와서 원래대로 돌아왔어. 그러기를 반복하다가 구체적으로 기한을 정해봤어. 일 년 동안 한 달에 1kg씩 줄이기로. 처음 5kg는 아무도 못 알아봤는데 감량한 kg의 숫자가 커질수록 알아보는 사람들이 많아졌어."

P는 살을 빼고 싶은 간절함이 있었다. 살이 빠진 본인의 1년 후 모습을 상상하며 그렸다. 날씬한 사람을 보면서 긍정적인 방향으로 꿈을 꾸었고, 목표를 향해 자신을 이끌었다. 10kg를 한 번에 감량하려고 하면 일상생활에 불편한 것들이 많아질 수밖에 없다.

그러나 한 달에 1kg 감량하기 위해 노력하는 것은 큰 부담이 되지 않았다. P는 식사할 때 음식의 3분의 2 정도만 먹었다. 다이어트를 하면서 가장 좋았던 것은 먹고 싶은 것을 맘대로 먹으면서도 다이어트를 했다는 것이다. 지금도 P는 날씬한 모습을 유지하고 있으며 성공 경험은 P에게 자신감을 느끼게 해주었고, 자신의 콤플렉스를 극복하게 되었다.

막연하게 날씬해지고 싶다는 목표보다 어느 기간 동안, 몇 kg의

살을 빼기 위해 어떤 방식으로 다이어트를 할지 구체적으로 정해야
한다. 긍정적으로 규정한 목표는 도전하고 싶은 동기를 부여해준다.
목표를 수치화시킬수록 성공률도 높아진다.

끈기

느리지만 지속하는 힘이 필요하다

지금은 많은 사람이 나를 끈기가 있다고 평가한다. 사실 나는 끈기가 있는 편은 아니다. 오히려 거창하게 목표를 세우고 조금 시도하다가 그만두기 일쑤였다. 시작하고 끝까지 하지 않고 그만두는 것도 반복되다 보니 어느새 습관으로 자리 잡았다. 그렇게 끝까지 해보지 못하는 일이 거듭될수록 부끄러운 마음이 들고 자신감도 떨어졌다.

《느리지만 강력한 힘, 끈기》의 저자 정용기는 책을 출간하기 위한 목표를 위해 매일 글쓰기에 2시간 정도씩 투자를 했다고 한다. 책을 출간하겠다는 목표를 이루기 위해 방황하거나 포기하고 싶어질 때 처음 생각했던 목표를 떠올리며 행복한 감정을 떠올렸다. 그렇게 자신이 지속하는 힘이 자라는 것을 보면서 스스로 만족감을 더욱 느끼게 되었다는 것이다.

목표를 향해 가다 보면 실패할 때도 있다. 그러나 꾸준히 하다 보면 결국은 목표에 가까워지게 된다. 목표에 가까워질수록 두려운 감정보다 이룰 수 있다는 믿음이 생긴다. 그렇게 하나의 목표를 이루면 다음 목표를 계획하고 실행하는 데 많은 도움이 되고, 결국 하면 된다는 것을 알기 때문에 계속해서 꿈을 꿀 수 있는 것이다. 끈기를 기르는 방법에 대한 여러 유명한 강의나 책을 보면, 조금씩 차곡차곡 반복하는 것이 좋다고 한다. 나도 열심히 시도해 보지만 지속해서 한다는 것은 결코 쉬운 일은 아니었다.

어느 날 교수님과 이야기하는 중에 영어를 잘하고 싶다고 했더니 매일 5개 단어를 꾸준히 외우는 것이 좋다고 추천을 해주셨다. 다짐과 함께 핸드폰에 앱도 깔았다. 일주일 동안은 열심히 했다. 그러다가 바쁜 일이 생기면서 한두 번 하지 않게 되고, 그 상황이 여러 번 반복되다 보니 흐름이 깨져 반복하는 힘이 떨어졌다.

막연하게 꾸준히 한다는 것은 매우 어려운 일이다. 본인의 라이프스타일을 파악하고 거기에 맞게 기한을 설정해보자. 짧은 기간이라도 꾸준하게 해보는 것이 중요하다. 사소한 것처럼 보이는 것들도 끝맺음함으로써 자신감과 자존감이 높아지는 경험을 할 수 있다. 처음에는 단기간으로 자주 반복하는 것이 좋다. 느리더라도 지속해서 행동하는 것은 끈기가 된다. 포기하지 않는 한 당신이 원하는 꿈을 이룰 수 있다. 어느 순간 경험들이 습관처럼 쌓여서 장기간으로 설정한 목표도 쉽게 할 수 있게 된다.

작은 성공 경험이 끈기를 기른다

어떻게 하면 끈기를 기를 수 있을까 고민해보았다. 보는 각도에 따라 나를 끈기 있다고 평가하기도 하지만, 스스로 끈기 있다고 생각하지는 않았다. 먼저 나의 생활을 돌아보았다. 알게 된 사실은 스스로를 위해 하는 것들에 대해서는 의지가 약하다는 것이다. 하지만 어떤 누군가와의 약속에 대해서는 잘 지키고자 하는 마음이 있었다.

오래 꾸준히 하는 것도 좋지만 한 번에 그렇게 되기는 어렵다. 끈기도 습관이 되어야 가능하기 때문이다. 끈기를 기르는 훈련을 하기 위해 일정 기간을 정하고 그런 환경에 몰아넣어볼 필요가 있다.

늘 실패로 끝났던 운동에 적용해보았다. 우선 3개월만 운동할 수 있는 곳에 등록했고, 종류는 자유롭게 하는 헬스보다 시간이 정해져 있는 운동을 선택했다. 그 결과 작은 성공을 경험했다. 기한을 설정해놓고 그 목표를 향해서 노력했을 때 운동 효과가 엄청났다.

살을 빼서 예쁘게 보이고 싶었다. 그보다도 매일 서서 있는 직업으로 다리가 자주 저린 게 문제였다. 하지정맥류가 생길까 걱정도 되었다. 건강을 위해서라도 3개월 동안 빠지지 않고 꾸준히 해보는 것을 목표로 정했다.

사람들은 다이어트를 하기 위해 먹고 싶은 것을 참으며 굶기도 한다. 나의 경우 먹는 것은 그대로 다 먹고 운동하는 동안 땀도 흘리지 않았다. 그런데 일주일에 5일을, 매일 1시간씩 한 결과 5kg이나 빠진 것이다.

3개월을 꾸준히 운동한 결과 나의 몸이 건강해지고 날씬해졌다. 아마 평생 매일 꾸준히 해야 한다고 했다면 목표를 이루기 어려웠을 것이다. 3개월 동안이라는 기한이 있었고 건강해지고자 하는 목적과 살을 빼는 것에 대한 목표가 있었기 때문에 성공할 수 있었다. 그 이후 반복하는 습관들이 주는 힘은 엄청나다는 사실을 알게 되었다.

순간순간 해야 할 일을 꾸준하게 하다 보니 시간이 지나갈수록 스스로에 대한 자존감이 높아지게 되었다. 어떤 일에도 조금씩 자신감이 생기는 나를 보면서 나의 숨겨진 끈기를 발견하였다. 결과보다는 배우는 과정에서 행복함을 느낀다는 것도 알게 되었다. 그것을 시작으로 새로운 목표를 정하고 도전하고 싶은 용기가 생겼다. 당신에게도 끈기가 아직 부족하다면 아주 짧은 목표를 정해서 성공 경험을 만들어보기를 바란다.

마음의 근육을 키우는 지속하는 힘

매장을 찾아온 고객님들과 대화를 하다 보면 종종 이런 이야기를 듣는다. 지금까지 내가 성장해온 것들을 글로 써서 책을 내보는 것이 좋을 것 같다는 것이다. 멋있고 꿈같은 말이었다. 언젠가는 꼭 도전해보고 싶은 꿈으로만 생각했다. 너무도 하고 싶지만 막연하게 어렵다고 느껴졌기 때문이다. 도전해본 적도 없으면서 스스로 글솜씨가 없어서 못할 것이라 단정 지었다.

박사과정까지 마치고 난 후 나는 글 쓰는 것에 대한 생각이 조금 변했다. '박사과정 논문까지 써봤으니 책 쓰는 것을 한번 도전해보면 어떨까?'라는 생각이 문득 들었다. 그러던 찰나 주위에 여러 지인이 책을 출간했다. 이런 상황들이 책을 쓰는 환경으로 나를 이끌어주었다.

지금 이렇게 글을 쓰고 있지만 이 과정이 지나 책을 출간하기까지 어느 만큼의 기간이 걸릴지 알 수 없다. 실패할 경우도 있겠지만 포기하지 않으면 될 거라는 확신이 있다. 지금까지 불가능할 것 같았던 무수한 일들도 포기하지 않고 끝까지 하면서 결국은 이뤄낸 경험이 있기 때문에, 어렵고 포기하고 싶은 순간이 올 때도 희망을 품을 수 있다. 그리고 그 결과가 이 책이다.

《아주 작은 습관의 힘》의 저자는 행동의 변화에는 결과 변화, 과정 변화, 정체성 변화의 세 개의 층위가 있다고 했다. 결과는 스스로가 얻어낸 것이고 과정은 스스로가 해결해나가는 것이고 정체성은 스스로가 믿는 것이다.

예를 들어 내 꿈은 의사라고 하면, 의사가 되는 것은 결과에 해당한다. 의사가 되기 위해 의대에 진학하게 되면 의사가 될 것이라는 과정을 정한다. 즉, 의사가 되려면 의대에 진학해야 하고 의사가 되기 위해 스스로가 노력해야 할 부분을 생각하는 것이다. 이것이 결과 중심의 사고이다. 그러나 우리에게 더 중요한 것은 정체성 중심의 사고이다. 의사가 된다는 꿈은 앞에서와 같지만 아픈 사람에게 도움이 되고 싶어 의대에 진학해서 공부해야 한다고 생각하는 것이다.

목표는 같지만 단순하게 의사가 된다는 결과 중심보다는 아픈 사람을 치료해주고 도움을 줄 수 있는 사람이 되는 정체성 중심의 사고는 목표를 끝까지 밀고 나갈 힘을 주고 삶에서 굉장히 중요한 역할을 한다.

나 역시도 아직 부족한 부분이 많다. 지금까지의 나를 만들어준 것은 하나씩 정한 목표를 꾸준히 노력했고 그 노력이 차곡차곡 쌓여서 나를 단단하게 만들어주었기 때문이다. 작은 결과들을 통해 무엇이든 하면 된다는 믿음과 용기가 생겼다. 삶에서 긍정적인 생각들이 많은 부분을 차지하게 되면서 문제가 일어나더라도 회복하는 탄력이 생겼다.

지속하는 힘이야말로 마음의 근육을 키우는 것이다. 아주 쉽지 않지만 어렵기만 한 것도 아니다. 너무 큰 목표를 정하여 오랜 기간이 걸리는 것보다 작은 목표부터 단기간에 이룰 수 있는 것을 먼저 해서 마무리해야 한다. 실패이든 성공이든 중요하지 않다. 그보다 꾸준히 해나가서 완성된 것 자체만으로도 우리는 자신감을 얻을 수 있고 자신에 대한 확신과 믿음, 자존감이 높아지는 경험을 할 수 있다. 그로 인해 다음 목표를 향해 가는 걸음이 조금 더 가벼워질 수 있을 것이다.

chapter 3

습관은 최고의
변화를 일으킨다

노력

마지막 순간의 기억이 남는다

우리는 살면서 일어나는 일들에 대해 좋은 기억을 하기도 하고 나쁜 기억을 갖기도 한다. 그런데 안 좋았던 기억들도 마지막이 좋으면 모두 다 좋은 기억으로 남기 마련이다. 이를 피크 엔드 효과Peak End Effect라 한다. 사람들은 전체과정을 균일하게 평가하는 것보다 절정과 마지막 경험을 더 중요하게 여긴다는 것이다.

시작과 과정이 좋지 않아도 끝이 좋으면 그 모든 것들이 좋게 느껴진다. 반대로 시작과 과정이 엄청 좋았더라도 끝이 안 좋은 것은 나쁜 경험으로 기억된다. 행동경제학의 창시자인 대니얼 카너먼은 의사결정의 비합리성에 관한 연구로 찬물에 손 넣기 실험을 했다. 이는 과거에 대해 사람들은 어떤 기준으로 평가하는지를 조사한 심리실험이었다.

실험 참가한 사람들에게 7분 간격을 두고 두 번에 걸쳐 찬물에

행복한 성공수업

손을 담그게 했다. 두 집단 중 한 집단 A는 14도의 물에 1분간 담그게 했고, 다른 한 집단 B는 14도의 물에 손을 1분을 담그고 바로 30초 동안은 1도를 높인 15도의 온도에 손을 담그게 했다. 그리고 실험에 참여했던 사람에게 어떤 실험을 반복할 것인지를 물어보고 선택하게 했다.

그 결과는 놀라웠다. 실험에 참여했던 80%가 B집단을 선택한 것이다. 14도나 15도는 사실 큰 차이가 없다. 오히려 더 오랜 시간 동안 찬물에 담그고 있었는데도 B집단을 선호한 이유는 마지막 30초 때문이다. 마지막 30초가 A집단의 실험보다 덜 차갑게 느껴졌기에 시간이 더 길어졌음에도 좋은 기억으로 남은 것이다.

사람의 기억은 내가 겪어온 시간 순으로 기억되지 않는다. 예를 들면 누군가를 만나 사랑하게 되었다고 하자. 사랑은 행복한 감정을 느끼게 한다. 그러나 만나는 동안 서로 갈등을 겪어 힘들어한다. 도저히 극복할 수 없다는 생각이 들면서 이별하게 된다. 결국 헤어지는 마지막 순간이 좋을 수는 없겠지만 서로의 앞날을 빌어주면서 잘 헤어졌다면, 중간에 오해와 갈등을 겪었던 기억보다 행복했던 순간이 오래 기억에 남게 된다. 즉, 우리는 감정이 고조되었을 때와 가장 마지막의 경험을 중심으로 기억하게 된다는 것이다,

의식적인 성장형 사고방식 연습이 필요하다

원하는 목표를 이루기 위해서는 의식적인 연습이 필요하다. 또한 어려운 문제가 발생하더라도 낙관적으로 사고하는 습관을 들여야 한다. 《그릿》의 저자는 변화하기 힘들고 바꿀 수 없다고 생각하고 있다면 고정형 사고방식을 갖는 사람이고, 언제든 변화시킬 수 있다고 생각하고 있다면 성장형 사고방식을 가지고 있는 사람이라고 한다.

당신은 어떤 유형의 사고방식을 가졌는가? 만약 당신이 시험에 실패했다면 어떤 생각이 드는지 판단해보자. 자신이 목표한 결과에 대해서 고정형의 사고를 하는 사람은 '결과를 위해 노력했고 할 만큼 했다'라고 생각한다. 반면에 성장형 사고방식을 가진 사람은 '생각보다 결과가 안 좋았네, 다음에 어떻게 준비해야 성공할 수 있을지 고민해 봐야겠다'라고 생각한다.

스스로가 재능이 있다고 생각하거나 공부를 잘했던 사람은 고정형 사고방식을 가졌을 가능성이 높다. 30살이 되던 해 오랜만에 친구들과 모임을 했다. 그중에 A라는 친구와 B라는 친구가 기억에 남는다. A는 학교 다닐 때 공부를 잘했던 친구였다. 멋지게 성장했겠다고 생각했다. 반면에 B라는 친구는 공부도 잘하지 못했고 특별한 재능도 없었다. 그런데 나의 예상을 뒤집었다. A라는 친구는 공무원이 되고자 여전히 준비하고 있었고, 특별한 재능도 없었던 B는 스튜어

행복한 성공수업

누군가 이뤄낸 성과가 편안하고 쉽게 보이지만,
평범해 보이는 그들이 하루하루 노력한 합으로
만들어진 것이다. 시작과 과정이 힘들어도
끝이 좋으면 그 모든 것들이 좋게 느껴진다.
결국, 성공이라는 것도 끝까지 노력하며
한 걸음씩 가본 사람이 이루는 것이다.

디스가 되어 있었다. 그것도 외국 계열 항공사에!

믿기지 않았다. 예전에 B는 성적도 좋지 않았고 영어도 능숙하지 못했는데 어떻게 스튜어디스가 되었는지 너무 궁금했다. 외모가 예뻐서 뽑힌 것도 아니었다. B는 자신이 스튜어디스가 되고 싶었고, 국내에서는 되기 어렵다고 생각했다. 그래도 B는 될 거라 생각하고 무작정 외국으로 나갔다. 맨땅에 헤딩하듯이 아는 사람 한 명도 없는 곳에서 영어 공부를 하며 지냈다. 물론 어렵고 힘든 상황도 많이 겪었다. 하지만 1년 동안 언어를 배우고 외국 계열 항공사에 도전해 스튜어디스가 된 것이었다.

이야기를 나누면서 알게 된 것이 있다. A의 경우 잘 안 나온 부분에 대해 지적을 받는 횟수가 늘어나면서 열심히 해왔던 과정들은 모두 잊혔다. 비판적인 목소리를 들었던 마지막 기억이 자신의 머릿속을 지배하고 있었던 것이다. 이후 몇 번의 어려움이 반복될수록 할수 있을까 의문하는 게 더 많아졌고, 자신도 모르는 사이 안 될 이유를 찾는 습관이 생겼다. 그러나 B는 결과도 중요하지만 이뤄가기 위해 노력하는 과정에 대해서도 의미를 부여하기 시작했다. 그것이 본인 스스로에게도 신뢰감을 형성하였다. 배움을 통해 이전에 하지 못했던 것들을 할 수 있게 되는 것에 즐거움을 느꼈고 더 열심히 노력했다.

A와 B 모두 어려움을 겪었다. 다만 둘이 달랐던 점은 어려움을

　　　　　　　　　　　　　　　　　　　행복한 성공수업

겪은 마지막 순간의 기억에 대해 B는 의식적으로 긍정적인 방향의 생각을 했지만, A는 그러지 못했다는 점이다. B가 성공적으로 목표를 달성할 수 있었던 것은 성장형 사고방식 덕분에 이룰 수 있었다. 당신은 어떤 유형의 사고방식을 가졌는지 생각해 보고 만약 고정형의 사고방식을 갖고 있다면 의식적으로 성장형 사고방식을 연습해 보자. 의식적으로 의미부여를 하면서 긍정적인 방향으로 생각하는 연습을 한다면 피크 앤드 효과를 통해 당신이 목표를 이루게 될 확률도 높아지게 될 것이다.

노력이 재능보다 더 중요하다

당신은 성공하는 데 재능이 중요하다고 생각하는가? 아니면 노력이 중요하다고 생각하는가? 우리가 알고 있는 음악 천재 모차르트는 재능이 타고나기만 한 것일까? 사실 초기의 모차르트 작품은 아주 뛰어난 것은 아니었다. 어느 책에서는 아주 초기에 그의 작품은 모차르트의 아버지가 작성했을 것이라고 추정할 정도였다. 그런데 그것을 기반으로 모차르트는 더 발전했다고 이야기한다. 이처럼 천재 음악가라고 하는 모차르트도 가진 재능을 발견하여 꾸준히 개발시켜 줬기에 탄생할 수 있었다.

비슷한 노력을 했더라도 다른 결과가 나타나는 경우도 있다. 사람들은 흔히 그 원인을 재능이 없어서라고 한다. 노력한다는 것은 쉽지 않고, 즐겁지도 않다. 그러니 끝까지 해보지도 않고 포기하며 합리화한다. 가령 저 사람은 재능이 있어서 잘하는 것일 거라고 포장해버린다. 결국 성공이라는 것도 끝까지 노력하며 한 걸음씩 가본 사람이 이루는 것이다.

《그릿》의 저자 엔절라 더크워스는 '재능은 노력이 더해져야 기술이 된다. 기술은 노력이 더해져야 성취가 된다'는 공식을 만들었다. 유명한 도예가도 만 개의 작품을 만들기까지는 힘들었는데, 그 뒤부터는 조금씩 수월해졌다고 한다.

디자이너가 되고 나면 끝이라고 생각했다. 하지만 디자이너가 된 이후에도 어려운 부분들이 많았다. 왜냐하면, 사람마다 두상의 형태, 모질, 방향이 모두 다르기 때문에 같은 디자인을 똑같이 한다고 해도 결과가 다르게 나오는 경우가 많았다. 오랜 시간이 지나고 나서야 자유롭고 편안하게 작업할 수 있었다. 타고난 소질보다 꾸준하게 보완하면서 노력했기 때문에 지금의 내가 존재할 수 있었다.

이후 'Simple'이라는 단어의 의미를 다시 생각했다. 심플하다는 말의 사전적인 의미는 간단하고 단순하다는 뜻이다. 그런데 누군가의 눈에 심플하게 보이기 위해서는, 엄청나게 많은 부분이 반복되어 다듬어졌기 때문에 우리의 눈에 간결하게 보인다는 것을 알게 되었다. 학교에서 실습수업 강의를 할 때 가발에 시연한다. 학생들은 내가 쉽게 하는 것처럼 보여 자신감을 느끼고 도전한다. 그런데 막상 해보면 어렵다고 느끼며 포기하려고 한다. 나 역시 많은 시간 동안 반복하며 노력한 것들이 쌓이고 익숙해지면서 다듬어졌기 때문에 쉽게 완성할 수 있었다.

누군가가 이뤄낸 부분을 보면 짧은 시간 동안 쉽고 편안하게 일하는 것처럼 보이지만, 그 또한 평범한 하루하루의 합으로 만들어진 것임을 기억해야 한다. 그러므로 포기하기는 아직 이르다. 지금 당신이 좌절하고 있는 하루의 시간도 쌓이게 되면, 당신을 능숙한 전문가로 만들어줄 것이다. 본인의 재능보다도 중요한 것은 스스로 믿고 노력하는 것이다. 발전적으로 성장하는 부분에 대해 타인으로부터 칭찬을 받는 것도 성장할 때 힘이 된다. 누군가의 칭찬도 좋지만, 그 순간에 마땅한 사람이 없다면 본인 스스로 하는 칭찬도 굉장한 효과가 있다.

과정이 복잡하고 어려운 일들이 생기더라도 마지막을 잘 마무리하는 것은 중요하다. 끝이 좋으면 모두 다 좋게 미화되는 것이 그 이유이다. 항상 처음 결과보다 조금 나아진 부분에 집중해야 한다. 이를 통해 자신감을 느끼고, 어려운 순간이 올 때 의식적으로라도 긍정적인 감정을 떠올려야 한다. 긍정적인 순간의 기억들이 당신의 목표를 이루는 데 힘이 되어줄 것이다.

습관

반복을 습관으로 만들자

습관은 어떤 행동을 오래 되풀이하는 과정에서 자연스럽게 익숙해진 행동이다. 《습관의 알고리즘》의 저자 러셀 폴드랙은 습관에 대해 처음에는 목표지향적인 행동에서 시작하나 나중에는 목표가 사라지더라도 일련의 행동 양식이 계속 남아 루틴을 형성하는 과정이라고 하였다. 새로운 습관이 형성되면서 오래된 습관은 잊히는 것이 아니라 능동적으로 억제되며 동시에 언제든 되살아날 수 있는 잠재적 회로처럼 되는 것이다.

우리가 성공했다고 평가할 때를 보면, 뭔가 대단한 위치이거나 부유한 것으로 그 사람의 성공을 인정한다. 그들이 목표를 이루는 것에 있어 어마한 조력의 힘이 있었기 때문이라고 판단하며 자신을 합리화하여 고립시킨다. 성공한 사람이 매일매일 조금씩 하는 성장은 일상적으로 생각하고 대단하게 바라보지도 않는다는 것이다. 《아주 작은 습관의 힘》의 저자 제임스 클리어는 습관은 복리로 작용한다고 한다. 처음에는 아주 작은 차이가 나도 몇 달 몇 년이 지나면 그 영향력은 어마어마하게 커지기 마련이다.

　돈이 있으면 그냥 다 써버렸다. 저축하는 습관도 낯설다. 서울에 올라와 일했음에도 그 당시 스태프의 월급은 아주 적었다. 월급보다도 지출이 많은 상황이라 부모님께 용돈을 받고 월급관리를 맡겼다. 그러다 보니 어떤 달은 용돈을 받아서 일주일 만에 다 써버리기도 했다. 경제관념이 엉망이었다. 월세와 공과금 등 생활에 필요한 부분들은 지원받고 순수하게 사용할 수 있는 한 달 용돈은 40만 원이었다. 그 시절에도 아주 적은 금액은 아니었지만, 계획 없이 쓰다 보니 점점 부족하게 되고 유지 기간도 짧아졌다. 꼭 필요하지 않은 것도 서슴없이 사고 또 샀다. 그렇게 서울 생활을 한 지 일 년이 흘렀다.
　그러던 어느 날이었다. 은행 앞을 지나가는데 청약 저축, 적금 이런 글씨가 눈에 들어왔다. 언제까지 이렇게 살 수 없다고 생각했다. 은행 문을 열고 들어갔다. 두리번거리다가 안내해주는 직원의 도움으로 번호표를 뽑았고, 나의 상담 순서가 다가왔다. 잘 모르면서 설명을 듣다 보니 갑자기 없던 의욕이 생기고 부자가 될 것 같은 마음이 생겼다. 계획도 없이 무작정 3개나 되는 적금을 들었다. 청약 저축, 장기 보험저축, 자유적금을 든 것이었다.
　꾸준히 돈을 모으거나 저축하는 습관이 없었던 나는 처음부터 거

대한 목표를 가지고 꿈을 꾸었다. 내가 가진 돈의 기준에서 나름대로 정했지만 과했다. 청약 2만 원, 보험저축 8만 원, 자유적금 10만 원 이렇게 가입했는데, 처음 한 달을 넣고 나니 왠지 부자가 된 기분에 날아갈 듯 좋았다.

며칠이 지나 돈이 바닥이 났다. 40만 원으로도 부족했는데, 저금한다고 20만 원으로 생활을 한다는 게 현실적으로 불가능했다. 도저히 유지하기 힘들 거 같다는 생각이 들었다. 다시 은행으로 갔다. 자유적금을 해지했다. 10만 원을 줄였는데도 여전히 돈은 부족했다. 3개월이 되자 한계가 왔고 2만 원짜리 적금만 남기고 다른 것을 해지하기 위해 은행에 갔다.

"적금 해지하러 왔습니다"라고 말했더니 직원은 보험적금이라 해지하면 0원이 된다고 했다. 어렵게 3개월 동안 모은 돈이 없어진다니. 왜 이리 무모하게 가입했을까? 막심한 후회를 했다. 결국 해지를 못 하고 통장을 돌려받아 집으로 왔다. 보험적금과 청약저축만은 유지하게 되었다.

몇 년의 시간이 흘렀다. 내가 선택하고 가입한 적금이기에 누구도 원망할 수 없었다. 한 달에 10만 원이 나에게는 큰돈으로 느껴졌으나, 엄청나게 큰 금액이 모이는 느낌은 들지 않았다. 한동안은 '중간에 그냥 해지할까?' 하는 생각도 많이 했지만, 해지를 하게 되면 보는 손실 금액이 나에게는 크게 다가왔다.

어느덧 적금에 가입한 지 10년이 흘렀다. 그때 당시 10년 후에 최소 4.4%를 보장해주고 경제 상황에 따라 복리 이자를 받을 수 있는 상품이었다. 그때는 은행 이율이 높은 시기라 4.4%가 낮은 이율이었는데 10년이 지난 후에는 2%대로 금리가 많이 하향되어 있었다. 은행에 만기가 되는 날 방문했다. 담당 직원은 "아주 좋은 상품에 가입하셨네요"라고 이야기를 했다.

만약 적금을 모두 해지했었다면 적금이나 돈을 모으는 습관이 좋은 기억으로 자리 잡지 않았을 것이다. 아마도 가입하고 해지하기를 반복하며 나쁜 습관으로 자리를 잡았을 것이다. 아주 작은 차이로 보이는 것들도 차곡차곡 쌓이면 복리로 작용하여 커진다는 것을 배웠다. 나쁜 습관들은 단순히 자신의 의지만으로 개선하기는 어렵기 때문에, 주변환경을 변화시켜 자극을 통해 나쁜 습관에서 벗어나도록 노력해야 한다.

습관은 삶을 바라보는 태도를 바꾼다

드디어 10년의 장기목표가 이루어졌다. 그때 당시 8만 원의 가치는 작았지만, 그 돈이 모여서 1,000만 원이 되었을 때의 가치는 경제적 기반에 중요한 역할을 담당했다. 스태프 시절에 8만 원은 상대적으로 엄청 크게 느껴졌다. 그에 비해 매달 8만 원씩 쌓여가는 보험저축은 생각보다 적은 돈처럼 느껴졌다. 성장하면서 조금씩 금액에 대한 부담이 많이 줄어들었다. 성공적으로 적금을 마무리하고 나니 저금하는 것에 대한 긍정적 기억이 생겼다. 청약저축도 잘 유지하고 싶어졌다. 청약저축은 10만 원까지는 추가 납입을 해도 되었기에 여유가 있는 달에는 조금씩 더 저금했다. 2만 원씩 넣던 적금도 10년이 될 즈음에는 500만 원이나 되는 큰 목돈이 되었다.

이후 저금하는 습관이 생겼다. 적금을 시작해서 만기 때가 되면 금액이 많든 적든 아주 행복한 감정을 느끼게 되었다. 적금하는 금액을 과감하게 높이기 시작했다. 모으는 재미를 알게 된 것이다. 대신에 큰 금액을 장기간 하게 되면 포기할 수 있는 것을 예전에 실패의 경험으로 알기 때문에 이자율이 낮더라도 1년에서 2년 정도의 기간으로만 설정했다. 그렇게 모인 돈은 목돈이 되었고, 목돈은 다시 장기 적금으로 묶었다. 어느 순간 목표 달성의 기쁨과 목돈으로 만들어지는 보상은 내가 열심히 일한 것에 대한 증거가 되었다.

처음 습관을 만들 때는 많은 에너지가 들어간다. 시간이 지나면서 그 크기가 작다는 생각이 들어 가볍게 생각하고 흘려보낸다. 예를 들어 한 달에 2만 원씩 저금한다고 하면, '에이 그렇게 해서 언제 모으냐'고 우습게 보는 경우가 대부분일 것이다. 그러나 "티끌 모아 태산"이라는 말이 있듯이 자기 삶에서 부담이 되지 않는 범위에서 꾸준히 실행한다면 어느 순간 비록 적은 금액들일지라도 쌓여 당신을

행복한 성공수업

지탱해주는 힘이 될 것이다.

단순히 2만 원이 모여 1,000만 원이 된 것에만 의미가 있는 것이 아니다. 10년이란 세월 동안 많은 것이 변하고 돈의 가치도 낮아져 엄청난 금액은 아니지만, 몸에 밴 습관으로 저축하는 습관과 경제적인 개념이 생겼다. 가장 큰 변화는 삶을 바라보는 태도가 달라졌다는 사실이다. 그런 습관들로 다음 단계의 목표를 재설정하게 되었고, 하나씩 작은 목표를 만들고 이룰 수 있었다. 목표를 하나씩 이루다 보니 나쁜 습관들이 조금씩 개선되는 효과도 따라왔다.

"돈에 발이 있다"는 말을 들어본 적이 있는가? 내가 돈을 좇아 가면 도망가고 돈이 나를 따라오게 해야 한다는 말을 수도 없이 들었다. 비록 지금은 적은 금액처럼 보이고 불확실한 마음이 먼저 들겠지만 적은 금액이라도 기간을 정해서 목표를 이루고 나면 돈 그 이상의 가치를 복리로 얻을 수 있다.

작은 습관을 겹쳐 쌓자

성공한 사람도 그렇지 못한 사람도 모두 같은 방향의 꿈을 꾸고 살아간다. 스몰 스텝이라고 불리는 작은 습관의 중요성에 대해 많은 전문가가 처음부터 높은 기준을 두지 말라고 조언한다. 본인이 할 수 있는 최소한의 것들부터 시도해보아야 한다. 왜냐하면 너무 큰 목표

처음 습관을 만들어 갈 때는
많은 에너지가 들어간다.
사소한 것들은 가볍게 생각하고 흘려보낸다.
그러나 사소한 습관들이 모여 삶의 태도를 만들고,
그것이 나의 삶이 뿌리가 된다는 것을 기억하자.

행복한 성공수업

를 정하면 부담감을 느끼게 되어 도전 의욕이 사라지기 때문이다.

《뉴욕타임스》와 〈CNN〉 등은 행동을 바꾸고 새 습관을 형성하기 위한 효과적인 방법으로 스태킹 효과를 제안했다. 스태킹은 겹쳐 쌓기라는 뜻으로 기존의 행동에 새로운 습관을 겹쳐 결합한다는 것이다. 쉽게 일상에서 일어나는 습관을 하기 전이나 하고 난 후에 필요한 활동을 추가하는 것을 말한다. 우리의 뇌는 익숙한 습관에 적응되어 있다. 새로운 습관보다는 익숙한 것에 추가하여 변화하는 것을 더 쉽게 받아들인다.

결과가 늘 좋을 수만은 없다. 원하든 원하지 않든, 내가 어렵게 느끼든 쉽게 느끼든 상관없이 내가 반복적으로 하는 일에 대해 만들어진 습관이 쌓여 결과가 나타난다. 만약 지금 자신의 상황에서 보이는 결과들이 원하는 방향과 다르다면 잠시 멈추어야 한다. 그럴 때는 올라오게 된 결과의 길을 거꾸로 내려가서 어떤 반복된 습관들이 이런 결과로 이어졌는지를 생각해보아야 한다.

긍정적인 습관과 부정적인 습관을 분류해서 적어보는 것도 좋다. 단숨에 부정적인 습관을 없애려고 너무 애쓰지는 않아도 된다. 긍정적인 습관이 늘어날 수 있다면, 부정적인 습관들도 개선될 수 있기 때문이다. 그러나 부정적인 습관을 인식하는 것은 중요하다. 자신의 습관을 객관화시킬 수 있게 되면, 개선할 힘이 생긴다. 긍정적 습관이 늘어나게 되면, 당신을 단단하게 해주는 강한 근력이 만들어져 있을 것이다.

《해빗》의 저자 웬디 우드는 습관이 완전히 형성되기 전까지는 목표와 보상이 필요하다고 했다. 그리고 학습이 반복되면 습관으로 뿌리내려 지속성이 창조된다고 했다. 습관의 효과가 어느 변환되는 지점까지 가기 전에는 차이가 없는 것처럼 보인다.

물이 99도까지는 끓지 않고 똑같다가 100도가 되면 끓고, 아주 꽁꽁 얼었던 얼음도 영하 1도까지 올라와도 녹지 않지만 0도가 되면 녹기 시작한다. 보통은 1도와 100도는 차이가 엄청나 보이지만 99도와 100도의 1도 차이는 아주 작다고 생각한다. 그러나 물이 끓기 위해서는 100도가 되어야 가능한데, 단 1도의 차이가 만든 결과이다. 마찬가지로 꽁꽁 언 얼음의 경우도 영하 5도와 0도의 차이가 커 보이지만, 결국 영하 1도와 0도의 단 1도 차이가 얼음을 녹이는 것이다.

막다를 정도로 힘들고 어렵다고 느끼고, 늘 많이 노력해도 안 되는 거 같다는 생각이 들더라도 낙담하지 말자. 지금 포기하면 99도도 1도와 별반 차이가 없게 된다. 그러나 조금만 인내하고 좋은 생각을 하면서 노력한다면 1도의 효과로 원하는 목표에 도달해 있을 것이다.

《습관의 재발견》의 저자 스티븐 기즈는 좋은 운동 습관을 만들고 싶어 했다. 그러나 그에겐 30분 정도의 운동도 너무 힘들었다. 어느

행복한 성공수업

날 우연히 팔굽혀펴기를 한 번 했고, 사소한 습관 하나를 꾸준히 하면서 몸짱이 되었다. 그는 이것을 골든 푸시업이라 불렀다. 실패하기조차 어려운 작은 습관을 매일 부담 없이 하는 것이야말로 한 번의 행동이 갖는 힘의 훌륭한 전략이라고 하였다.

성공 경험이 또 다른 성공을 만들어낸다. 작은 습관의 긍정적인 경험은 다른 영역에서도 좋은 습관들로 이어져 자기 효능감이 향상된다. 목표를 성공적으로 이루기 위해서는 계획은 적용하기 쉽고 간편해야 한다. 당신이 생활하는 일상에서 작은 계획들을 조금씩 추가하여 습관을 만들자. 그 습관들이 겹쳐 쌓이면 스태킹 효과를 느낄 수 있을 것이다.

잊지 말자. 사소한 습관들이 모여서 내 삶의 뿌리가 된다는 것을.

행동

나를 응원해주는 사람들이 주는 에너지

삶을 원하는 방향으로 이끌어가기 위해서는 대인관계를 잘 유지하는 것이 중요하다. 무조건 누군가와 잘 지내기 위해 억지로 맞추는 관계는 오래가지 못한다. 결국 상처받는 상황이 자주 발생된다. 그렇게 되면 우울감이 생기고 자존감도 떨어지게 된다.

살아가면서 누군가가 나를 지지해주고 응원해주는 빈도수가 많을수록 에너지가 충전된다. 어려운 일들이 생겨도 힘을 낼 수 있는 원동력이 되며 삶의 만족도가 높아지기 마련이다. 사람들과의 관계를 잘 유지하는 사람들의 공통적인 부분이 있다. 바로 자기 자신을 사랑하고 아낀다는 것이다.

나를 찾아오는 고객님들과 대화를 많이 한다. 처음에는 고객과의 대화의 소재 정도로 생각하며 작은 목표가 생기면 이야기를 자주 했다. 그런데 그 말을 들었던 고객들이 잊지 않고 방문할 때마다 목표를 향해 잘 가고 있는지 관심을 두었다. 그럴 때마다 나를 응원해주는 마음이 고마우면서도 약간의 부담도 되었다. 만약 내가 한 말과 행동이 일치되지 않게 되면 아무도 나를 신뢰하지 않으리라 생각이 들었던 것이다.

문득문득 포기하고 싶은 순간들도 많았다. 가까운 주위 사람들은 왜 이제 와서 공부하려는지 묻는다. 공부하면서 가끔 일찍 퇴근하는 날이 여러 번 있다 보니 고객들이 원하는 시간에 머리 시술을 받는 것이 불편해지는 일도 생겼다. 그럴 때면 공부해야 하는 이유에 대해 의문이 생겼다.

종종 주변에서 샵을 자주 비우게 되면 고객이 떠나간다고 나를 걱정하는 말을 해준다. 나를 위하는 것처럼 보이지만 사실 더 불안하게 할 때가 많았다. 그럴 때마다 예약을 잡는 것이 불편해졌는데도 불구하고 나의 스케줄에 맞춰주는 고객도 있었다.

너무 감사하면서도 미안했다. 찾아주는 것만으로도 감사한데 오히려 내가 배려받고 있으니 말이다. 그러면서 분명 지금의 노력은 헛되지 않으니 불안해하지 말고 앞을 향해 나아가라고 응원해주었다. 이런 긍정적인 이야기들이 정말 힘이 되었다.

감사의 마음이 행동을 변화시킨다

작고 낡은 건물이지만 나를 찾아주는 고객에게 여기만의 특별함을 느끼게 하고 싶었다. 처음 오픈할 당시에는 예약제가 보편화되지 않았던 시절이었다. 예약제로 운영하다 보니 취소되거나 늦는 고객이 생길 때는 그 시간의 매출을 포기하기 일쑤였다.

주위에서는 그런 나의 운영 방식을 융통성 없다고도 한다. 머리를 하기 위해서 찾는 공간이지만 나를 찾아오는 고객에게 너무 감사했다. 그래서 그 시간만큼은 집중해서 최대한 만족을 주고 싶었다. 여기까지 찾아온 이유를 만들어 주고 싶어서다.

그런데 신기하게도 방문하는 고객들에게 말을 한 적도 없었음에도 불구하고, 내가 운영하고자 하는 방식을 이해하고 있었다. 진실한 마음으로부터 나온 행동과 태도가 상대방에게 말을 하지 않더라도 전달된다는 것이 감사하면서도 무겁게 느껴졌다.

모두에게 인정받는 사람이면 얼마나 좋을까? 누구나 그렇겠지만 나는 항상 사람들의 인정을 받고 싶어 하는 경향이 강하다. 그래서인지 사람들은 나에게 배려를 많이 한다고 한다. 사실 좋은 사람으로 인정받고 싶은 마음에서 나오는 행동이다.

그러다 보니 나를 존중하고 믿는 마음보다 상대방이 나를 어떻게 생각할까에 더욱 초점을 맞출 때가 많았다. 그런 생활이 이어질수록 점점 작은 부분도 더 많이 의식을 하게 되었다.

우리 샵을 찾는 고객들은 안주하지 않고 일과 공부를 병행하는 나를 응원해주었다. 발전하는 디자이너에게 머리 시술을 받게 되어 고객으로서 자부심이 느껴진다고 한다. 성실하게 노력하는 모습과 진심으로 정성을 다해 시술해주는 마음이 느껴진다고 한다. 심지어 머리카락을 자를 때 가위소리가 음악 소리처럼 리듬감이 느껴진다고 한다. 머리를 자르고 있는 모습이 굉장히 즐거워 덩달아 기분이 좋아진다고 한다.

어느덧 이곳에 자리를 잡은 지도 13년의 세월이 흘렀다. 처음 디자이너가 되었을 때부터 인연이 되었던 고객님들과도 17년의 세월을 함께했다. 여전히 지금까지도 나를 찾아주신다.

어느새 다양한 소통 속에서 우리 샵은 힐링의 공간이 되었다. 나를 찾는 많은 고객은 어디에도 없는 특별한 헤어샵이라 느낀다. 단순히 돈을 지불하고 머리를 시술 받는 것을 뛰어넘어 나를 소중한 인연이라 생각해준다. 이 직업이 나에게 가치 있다고 느끼는 순간이다.

거울 속의 나와 이야기하자

《미러》의 저자 루이스 L 헤이는 우리 모두의 내면에는 강력한 힘이 있고 성장과 변화에 필요한 모든 것은 내면에 있다고 한다. 미러 워크를 통해 반복된 훈련을 하여 나 자신을 사랑해주면 관계가 회복되고, 과거로부터 본인이 받은 상처, 분노, 두려움을 극복하는 회복 능력이 좋아지며, 어느 순간 달라진 모습을 발견할 수 있다. 나의 경우도 거울의 힘이 있다는 것을 안다. 미러 워크를 통해 많은 회복과 변화를 얻었다.

우리에게는 항상 크고 작은 일이 늘 일어나는데, 어떤 방식으로든 지나간다. 26살 어린 나이에 샵을 차렸다. 첫 번째 계약하려고 했던 곳에서 계약하려다 틀어졌다. 갑자기 불안해졌다. 두 번째 마음에 드는 곳을 빨리 계약하지 않으면 그마저도 없을 것 같은 생각이 나를 압박했다. 1층이어도 계단을 올라가면 테라스가 있어, 작지만 매력이 있는 장소였다. 외관은 그래도 괜찮아 보여 덜컥 계약했다.

생각해본 적도 없는 문제가 발생했다. 건물이 많이 노후되어 밖은 괜찮아 보였지만 화장실이며 내부가 많이 낡아 있었다. 그러다 보니 혼자서 일만 하는 것도 신경 쓸 부분이 많은데 몇 달에 한 번씩은 꼭 문제가 발생했다. 늘 불안했다. 가장 끝 쪽에 위치한 나의 매장은 다른 상가에서 물을 많이 쓰게 되면 물이 잘 나오지 않았다. 건물에 물이 나오는 통로가 아주 오래전의 방식으로 설계되어 있었다.

머리카락을 헹구려면 순간적인 수압이 높아야 한다. 물을 세게 나오게 하도록 도움을 주는 모터를 설치를 해보았지만, 그것만으로

살아가면서 우리에게
항상 크고 작은 일들이 일어난다.
포기하고 싶은 순간들도 많지만
어떤 방식으로든 지나간다.
불확실한 미래에 우리가 할 수 있는 것은
자신을 믿는 것뿐이다. 그 순간 최선의 방법은
목표를 바라보며 정면 돌파하는 것이 유일한 방법이다.

역부족이었다. 상상도 못 했던 상황이 일어났다. 결국은 건물 뒤편에 전용으로 물탱크를 설치해야 했다. 그뿐만이 아니라 예뻐 보였던 테라스는 쉽게 망가져 고쳐야 하는 일이 다반사였다. 하나 해결하면 또 하나의 문제가 곧이어 터졌다. 그러나 누구에게도 도움을 청할 수 없었고, 정말 울고 싶었다. 낡은 건물에서 도망가고 싶었다. 좋았던 기억도 점점 희미해졌다.

그러던 어느 날이었다. 한쪽 벽면에 거울로 가득한 곳으로 시선이 갔다. 그 속에는 또 다른 내 모습이 있었다. 나는 그 앞으로 가서 의자에 앉았다. 거울 속에 비치는 내 눈을 보았다. 나도 모르게 혼자 입 밖으로 소리를 내어 말했다.

"진짜 너무 힘들다."

그렇게 소리를 내어 말하고 나니 갑자기 알 수 없는 폭풍 같은 눈물이 흘러내렸다. 슬픈 장면을 본 것도 아니고 누군가가 어려운 일을 당한 것도 아닌데, 왜 내가 내 얼굴을 보면서 한 그 한마디에 숨이 넘어가도록 펑펑 우는 것인지 울면서도 의아한 생각이 들었다. 그런데 이상하게 그렇게 힘든 날이면 거울을 보며 소리 내어 말하기를 반복했다. 아마 지나가는 사람들이 봤으면 이상한 여자라고 생각했을 것이다.

어느 순간 달라진 것이 있었다. 너무 힘들다고 말하고 나면 눈물이 났다. 그런데 눈물이 멈추고 나니 내가 나에게 말을 거는 것이었다.

행복한 성공수업

나와 내가 의자에 앉아서 거울 속에 의자에 앉은 나와 이야기했다.

"힘들었지만 잘 해결이 되어 다행이야. 그래도 나를 찾아주는 고객이 있잖아. 무사히 고객에게 불편한 상황이 생기지 않은 것도 다행이고, 낡고 허름한 건물이어도 너의 실력 하나를 보고 몇 시간이 걸려서 오는 고객이 있다는 사실에 감사하잖아. 파이팅하자."

이렇게 말을 하고 나니 신기하게도 울음이 가라앉았다. 그리고 나를 찾아준 고객님들의 표정이 스쳐가며 갑자기 미소가 지어졌다. 뭐지? 정신이 이상해진 건가? 그러거나 말거나.

그 이후로도 고객을 기다리는 시간이 생기면 거울을 보며 나를 객관화하기도 하고, 의식적으로 칭찬도 아낌없이 하게 되는 습관이 생겼다. 그러다가도 문득 '이럴 때 이렇게 말하지 말걸' 후회도 많이 했다. 거울을 보며 스스로 한 칭찬과 격려는 나를 서서히 변화시켰고 자존감을 높이는 데 아주 큰 역할을 했다. 문제를 풀어가는 방식도 나만의 공식이 생기게 되었다.

예를 들면 내가 A라는 문제가 발생했다고 하자. 거울을 보며 거울 속의 나를 통해 이 문제에 대해 인식을 한다. 이 문제가 생기는 상황에 대해 어떤 태도를 갖고 대하였는지 객관화한다. 내가 한 행동이 좋은 일이었다면 칭찬해준다. 만약 마음과 다르게 마무리된 상황이 있다면 아쉬움을 표현하기도 하고 격려해준다. 설사 좋은 방안이 아니었다 하더라도 그 상황에 그렇게 할 수 있었다는 사실에 대해 이

해를 했다. 몰라서 생긴 문제라면 다음에 같은 문제가 발생되었을 때
는 잘하자고 다짐하며 스스로 응원과 격려를 하게 되었다.

이렇게 거울을 보면서 말하기를 하면 할수록 자신을 믿는 힘이
생겼다. 점점 지금 이대로의 내 모습에 감사하고 만족하게 된 것이
다. 거울 속의 나는 언제가 가장 든든하고 유일한 나의 친구이자 절
대로 변하지 않는 내 편이 되었다.

행복한 성공수업

포기하지 말고 끝까지 걸어가라

성공을 이룬 사람과 이루지 못한 사람들은 각각 공통점이 있다. 드라마 속 이야기처럼 들리겠지만 어려움을 겪지 않고 성공을 이룬 사람은 없다. 평범한 주부였거나 가난한 환경, 신체적 결함 등의 포기할 이유가 분명함에도 그들은 실패를 도전의 기회로 받아들였다. 긍정적인 마음을 훈련하여 습관이 되도록 노력했다. 그 결과 자신만의 신념으로 자리 잡았고, 성공으로 다가갈 수 있었다.

오히려 성공하지 못한 사람 대부분이 자신의 실패 원인을 더 잘 알고 있다고 생각하는 경우가 많다. '나도 ~했더라면 했을 거야'라는 핑계를 합리화하며 사실로 받아들였다. 중요한 것은 긍정적인 마음도 부정적인 마음도 모두 습관으로 자리 잡게 된다는 것이다.

목표를 이루기 위해서 무조건 긍정적인 마음만으로 갈 수는 없다. 이유 없는 긍정은 자신을 객관화하는 데 어려움을 유발하기 때문이다. 목표를 이루는 과정에서 부정적인 감정을 유발하는 상황은 항상 존재한다.

그러나 그 감정이 꼭 나쁜 것만은 아니다. 단지 부정적인 마음을 분리하여 객관화시키는 연습을 해야 한다. 감정은 가라앉히고 목표를 이룰 때 도움이 되는 부분을 받아들여 긍정적으로 전환하는 습관이 필요하다. 이 습관이 새로운 의지를 갖게 해주는 훌륭한 멘토 역할을 해줄 것이다.

지금까지 당신 스스로가 초라하다고 느꼈든, 어떤 어려움을 겪었든 중요하지 않다. 어려움을 겪었다는 건 그로 인해 앞으로 성공할 수 있는 가능성도 높다는 것이기도 하다. 당신의 마음 습관이 변하면 당신의 인생도 변할 수밖에 없다.

비록 대단한 성공이 아니라 하더라도 괜찮다. 작은 성공을 하나만으로도 경험했다면 인생의 변화가 시작되고 있음을 기억해야 한다. 그 경험으로부터 새로운 꿈을 꾸고 그에 맞는 계획을 세울 수 있기 때문이다. 가로막힌 벽을 처음 마주할 때는 두렵겠지만 시간이 지나면 익숙해지게 된다. 반복적으로 노력하다 보면 벽을 넘어서는 순간이 온다. 당신이 넘을 수 없다고 정한 한계가 아주 사소한 경험이었다는 것을 깨닫게 될 것이다.

행복한 성공수업

포기하지 말고 끝까지 해보라

많은 사람이 성공한 사람들을 보며 꿈을 키운다. 그들이 만들어 낸 성과들을 보면 쉽게 이룬 것처럼 느껴질 때도 있다. 하지만 성공한 사람들이 목표를 위해 무수히 많은 실패와 성공을 경험하며 노력한 과정이 있다는 사실을 궁금해하지 않는다. 성공을 이룬 모습만 보며 도전해보지만 금방 현실의 벽에 부딪힌다. 생각보다 많은 시간과 노력이 필요하다는 것을 알게 되면서 금방 좌절하기 마련이다.

충실하게 목표를 위해 노력하는 것만으로도 자신만의 성취감과 만족감을 얻게 된다. 이를 통해 자신감이 상승하게 될 것이다. 또한 긍정적인 감정은 당신의 새로운 도전의 기회가 될 것이다. 포기하지만 않는다면 당신의 꿈도 분명히 이룰 수 있다.

최근 스포츠 경기 중 여자배구 종목에 빠졌다. 경기가 없는 날은 허전함을 느낄 정도로 재미있게 보고 있다. 사실 스포츠를 좋아하지 않았다. 배구가 좋아지게 된 것은 오직 김연경 선수 덕분이다. 꿈을 위해 끝없이 도전하고 성장하는 모습에 반했다. 지금은 배구를 너무 좋아하는 마니아가 되었다.

김연경 선수는 성격도 털털하고 욕도 잘한다. 그 덕분에 식빵 언니로도 불린다. 당당하고 솔직한 면을 보며 사람들의 호감을 얻었다. 그녀는 어린 시절 배구선수를 꿈꾸던 언니를 따라다니며 꿈을 키

작은 성공 경험 하나만으로도
인생의 변화가 시작되었음을 기억해야 한다.
처음 가로막힌·벽을 마주할 때는 두렵겠지만
익숙해지고 반복하다 보면 어느 순간
당신이 넘을 수 없다고 정한 한계가
아주 사소한 경험이었다는 것을 깨닫게 될 것이다.

행복한 성공수업

웠다. 재능은 있었지만, 키가 작은 신체조건으로 한 번의 기회를 얻기 위해 피나는 노력을 해야만 했다. 그러한 노력에도 불구하고 수비수로밖에 활동을 할 수 없었다.

주변에서 많은 반대가 있었지만 포기하지 않았다. 그런데 고등학생이 되면서 갑자기 신체의 변화가 생겼다. 무려 20cm나 키가 큰 것이다. 그 덕분에 공격수가 되는 기회가 주어졌다.

김연경 선수가 세계적으로 주목받게 된 배경에는 공격수이면서 수비 실력도 갖추었기 때문에 그 누구도 대체할 수 없는 선수라는 점이 있다. 키가 커서 처음부터 공격수가 되었더라면 수비 실력이 강화되기는 힘들었을 것이다. 반대로 키가 작다는 이유로 중간에 포기했더라면 지금의 김연경 선수는 존재하지 않았다.

어려움이 따르더라도 포기하지 않고 끝까지 노력한 결과 그녀는 특별한 선수가 되었다. 당신도 포기하지 않고 끝까지 한다면 당신의 꿈도 이루어질 것이라 확신한다.

사소한 것부터 긍정적인 생각으로

우리는 자기 능력이 어디까지인지도 모르면서 한계를 정한다. 재능이 있는지 없는지 경험해보지도 않고 '아마도 나는 안 될 것 같아'라고 생각하며 학습된 무기력에 빠진다. 도전을 하기도 전에 이미 실패한 것처럼 부정적인 감정으로 가득 채우는 셈이다.

목표를 이루지 못하는 데는 다 원인이 있다. 좋은 결과를 얻지 못했기 때문이다. 실패한 경험의 기억은 다음 번 도전을 할 때 방해가 된다. 현재 자신의 상황에서 불가능한 높은 수준의 목표인 경우 이루기가 어렵다.

너무 큰 목표는 며칠 지나기도 전에 금방 포기하게 된다. 한 가지라도 주어진 환경에서 가능한 일부터 먼저 도전해서 성공 경험을 하는 것이 중요하다. 우리는 보편적인 평가를 바탕으로 스스로가 형편없다고 생각하고 판단한다. 그로 인해 자신감은 사라지고 자존감마저 무너진다.

도전할 때면 잠재의식이 말한다. "더 좋은 상황에서 도전하는 사람들에게도 어려운 일을 내가 해낼 수 있을까?" 어떤 일이든 양면이 있다. 두려움으로부터 생긴 아주 작은 부정적인 생각이 마음을 굳어지게 한다. 그 태도가 당신의 삶 속에 익숙하게 자리 잡아 습관이 된다. 부정적 감정은 본인을 넘어 타인을 볼 때도 적용되기 마련이다.

"가랑비에도 옷이 젖는다"라는 말이 있다. 잠재의식은 당신의 노력과 상관없이 스스로 생각하는 대로 움직이게 한다. 또한 사소하게 하는 부정적인 생각들이 어떤 일을 시도할 때 두려운 마음을 키워낸다. 이처럼 당신의 작은 생각이 잠재의식에 누적되어 자신의 감정을 통제하게 만든다. 우리가 행복한 성공을 하기 위해서는 자신 안에 숨어있는 잠재의식을 유연하게 조절하는 힘을 키워야 한다.

도전해서 꼭 성공한다는 보장은 없다. 그러나 아무것도 결정된 건 없다. 목표를 이룰 수 있을지 없을지는 가능성일 뿐 결과는 끝까지 도전해봐야 알 수 있다. 불확실한 미래에 우리가 할 수 있는 것은 자신을 믿는 것뿐이다. 최선을 다하다 보면 그 결과가 어떻게 되든 스스로에 대한 후회가 없다. 누구에게나 포기하고 싶은 순간은 있다. 하지만 그 순간 선택할 수 있는 최선의 방법은 목표를 바라보며 정면 돌파하는 것이다.

몰입

몰입이 경쟁력이다

요즘 카페에서 사람들이 본인의 업무를 보거나 공부하는 장면을 흔히 볼 수 있다. 카페 안은 음악 소리도 들리고 사람들 웅성거리는 소리도 들린다. '과연 저런 공간에서 학습의 효과가 있을까?' 하는 궁금증이 생긴다.

업무를 볼 때나 공부할 때 카페를 자주 이용하는 사람들에게 물어보았다. 대부분은 소리가 들리는 것이 더 안정감 있고 몰입이 더 잘 된다고 한다.

물론 모든 사람이 카페에서 공부가 잘되는 것은 아니다. 하지만 카페는 몰입하기에 좋은 환경을 갖추고 있다. 그 이유는 그 안에서 들리는 소리와 관련이 있기 때문이다. 너무 시끄러운 환경이면 오히려 집중력이 떨어질 수 있지만, 일정한 데시벨의 소음은 오히려 집중하기 좋은 환경이 된다. 바로 화이트 노이즈가 주는 효과이다.

행복한 성공수업

예전에 살던 곳은 도로변에서 멀지 않은 주택이었다. 늘 생활 소음이 있었지만 한 번도 소리로 인하여 신경이 쓰이거나 잠을 못 자는 경우가 없었다. 때마침 이사를 했다. 집 주변에는 산도 있고 조용한 아파트 단지였다. 밤이 되면 지나가는 차도 없어 주거환경으로는 좋은 환경이었다. 그런데 이상하게도 밤이 되어 잠을 자려고 누우면 너무 조용한 공간이 오히려 불안정할 때가 있다.

소비자 연구지널의 연구 결과에서도 오히려 조용한 환경에서보다 50~70데시벨 정도의 소음에서 집중력과 창의력이 향상되는 것을 확인하였다. 한국산업심리학회의 연구 결과에서도 소음이 들릴 때 몰입이 50% 가까이 향상되었고, 기억력도 10% 높아졌다. 오히려 소음으로 스트레스는 30% 가까이 줄어드는 현상이 나타났다. 집중이 잘되다 보니 학습 시간도 10~15% 가까이 단축하는 효과가 있다고 한다.

최근 유튜브에 잠이 잘 오게 하는 음악 채널이 많아졌다. 50~70 정도의 데시벨을 이용하여 소리를 녹음하여 올려놓는다. 이렇게 작은 소음을 이용하여 스트레스를 완화시키고 숙면을 할 수 있도록 도움을 준다. 나도 가끔 너무 피곤하고 생각이 많아지는 날 잠이 쉽게 들지 않을 때면 그런 채널을 활용하기도 한다.

자연스러운 몰입이 중요한 열쇠

TV에서 결혼을 간절히 원하는 솔로 남녀들이 모여서 사랑을 찾고자 하는 데이팅 프로그램을 가끔 본다. 거기에서 본인이 원하지 않는 사람이거나 관심이 없는 사람을 만나 데이트를 해야 할 때면 시계를 보거나 주변을 두리번거리는 모습이 화면에 비추어진다. 이처럼 몰입 여부에 따라서 같은 시간이라도 다른 느낌이 들게 되기 마련이다.

스스로가 정한 목표나 좋아하는 일을 할 때 잘 몰입한다. 집중이 잘 되었을 때는 시간이 빨리 지나갔음을 느끼고, 그렇지 못했을 때는 시간이 길게 느껴지는 것이다. 영화를 보더라도 좋아하는 장르에서 몰입이 잘되었다면 그 안에서 느낀 나의 감정이 마치 보상받은 듯한 느낌이 들기도 한다. 예를 들어 자신이 하는 공부의 난이도가 조금 높게 느껴지면 힘은 들지만, 성공하고 싶은 목표가 뚜렷하고 평소 열망했던 분야라면 실제 어려움보다는 조금 덜 어렵게 느껴지는 법이다.

칙센트 미하이는 최초의 긍정심리학자이다. 그는 예술, 체육 관련 전문가들이 다른 모든 것을 잊고 집중하는 모습에 감명받는 경험을 했다. 이러한 경험을 계기로 몰입 연구에 집중하게 되었다. 그는 의식이 경험으로 꽉 찬 상태를 몰입상태라고 한다.

즉, 주위의 모든 잡념이나 방해되는 것들을 차단하고 스스로가 원하는 한곳에 집중하는 것이다. 몰입 속에서는 의식이 고조되어 자유롭게 하늘을 나는 듯한 느낌이 들기도 하고, 물 흐르듯 자연스럽고 편안하게 느껴지기도 한다. 그러나 몰입은 자신이 관심이 없는 부분에 대해서는 기억조차도 못하게 한다.

생각해보면 몰입이 될 때는 주변에 어떤 소리도 들리지 않는다. 내가 하는 일에 푹 빠지게 되면 주변의 소리는 사라지고 집중하는 시간이 엄청 빠르게 지나간다. 한 가지 주제에 대해 몰입이 되면 구체적 계획을 세우지 못했더라도 그 한 가지에 꼬리에 꼬리를 물면서 거의 저절로 그 목표를 향해 행동이 이루어지고 있는 느낌을 받을 것이다.

몰입할 때 힘들지 않고 편안하게 느껴지고, 그냥 자연스럽게 하는 내 모습을 보게 된다. 이렇게 몰입이 잘 되는 것이 내가 정한 목표를 이룰 수 있는 중요한 열쇠이다.

작은 목표가 몰입을 가능하게 한다

우리는 목표를 정하고 이를 이루기 위해 노력한다. 그러나 그 목표에 흥미가 없다면 오래 유지하기가 어렵다. 몰입도 되지 않고 시간을 투자한 것에 비해 효과도 떨어진다. 목표를 이루기 위해 노력은 하지만 지루해지고 점점 어렵게 느껴진다. 이럴 때 1시간이라도 실행 시간을 설정하는 것이 몰입을 높여준다. 정해진 시간 동안에는 몰입하기가 훨씬 쉽고 만족감도 빠르게 느끼기 때문이다.

자신이 하는 일에 적극적인 사람들이 몰입 경험을 자주 한다. 칙센트 미하이에 의하면 목적적인 성격을 지닐 때 내재적 동기가 강해져서 몰입을 잘한다. 외적 보상보다는 현재 하는 일 자체를 위해 열심히 하며 자유롭고 독립적인 경우가 많다고 한다. 우리도 행복한 발전을 위해 몰입을 잘하는 사람과 닮아가도록 리셋할 필요가 있다.

스티븐 코틀러는 몰입은 동기의 소스 코드 발견이라고 믿는다. 몰입을 통해서 작은 목표에 대한 성공을 경험할 수 있다. 몰입의 마지막 통합단계에서는 그간 성취한 것들이 하나로 모이고, 그 경험을 통해 뇌가 주는 화학적 보상을 받게 되는 것이다.

몰입상태가 되면 중독성이 강한 화학적 물질이 뇌에 흘러 그 고양된 상태를 더 느끼기 위해 동기부여가 되기도 한다. 동기가 있어도 목표에 몰입하지 못하면 쉽게 지치기 마련이다. 그러므로 아무리 좋은 동기와 목표가 있더라도 몰입이 함께 이루어져야 성공적인 성과를 달성할 수 있다.

뚜렷한 목표가 없다면 언제 몰입이 잘되고 있는지 스스로 관찰해 보는 것도 좋다. 사람은 자신에게 주어진 환경이나 직업에 따라서 제한된 목표와 꿈을 생각한다. 하지만 의외로 자신이 무엇을 원하고 어

몰입이 잘 되는 순간에는 주위의 환경에서
방해되는 것들을 차단되고 집중이 되는 순간
편안하고 자연스러운 자기 모습을 보게 된다.
몰입은 목표를 이룰 수 있게 하는 중요한 열쇠이다.

떤 방향으로 가고 싶은지 잘 모르는 사람들도 많다.

꿈을 꾸라, 목표를 세우라 하는 것만으로는 동기가 될 수 없다. 설사 목표를 세웠다 하더라도 금방 지치고 포기하게 될 확률이 높다. 목표를 찾기 어렵다면 당신이 생활하는 일상에서 어떤 부분에 가장 집중이 잘 되는지 적어서 목록을 만들어보자. 몰입은 분명한 목표가 있어야 한다. 그러나 장기목표는 몰입의 효율을 떨어뜨린다. 작은 목표라도 그 목표가 짧은 시간 동안 기준이 분명할 때 효율이 높아지기 마련이다. 몰입을 잘하기 위해서는 본인이 할 수 있는 수준보다 약간은 어렵게 설정해서 도전하는 것이 좋다.

행복

누군가에게 기쁨이 되는 행복

생각해보면 나는 누군가에게 도움이 될 때 기쁘고 행복함을 느꼈던 것 같다. 마음 깊숙한 곳으로부터 누군가에게 도움이 되고자 하는 마음은 항상 있었다. 다만 너무 바쁜 일상들이 연속되다 보니 점차 실행에서 멀어졌다. 어느 날 문득 다른 누군가를 돕는다는 것에 대한 생각의 변화가 생겼다. '나중에 시간이 될 때나 하는 것이 봉사일까?' 하는 생각이 들었다.

내가 가장 바쁘고 잘 나가고 있을 때 일부러 시간을 내어 봉사활동을 하는 것이 더 의미 있을 것 같았다. 그러던 중 나를 찾아온 고객님의 한마디가 나를 움직었다.

"항상 사람들에게 마음을 나누는 모습이 늘 좋아 보여요. 이 좋은 에너지를 도움이 필요한 사람에게 쓰면 값질 것 같아요."

우연히 서울시 아동복지센터라는 곳을 알게 되어 전화를 걸었다.

미용 봉사로 재능기부를 하고 싶은데 도움이 필요한지 물었다. 마침 그곳에서도 내가 필요하다고 했다. 그렇게 봉사활동을 시작하게 되었다. 예전에 군부대에서 봉사활동 명목으로 남자 커트를 배웠던 적은 있었다. 그런데 스스로 내가 누군가에게 도움을 주고자 실행에 옮기게 된 것은 처음이었다.

아동복지센터는 법원의 판결이 나기 전까지 임시로 학대받는 어린이들을 보호해주는 기관이다. 상처가 있는 아이들이 많지만, 여기 선생님들의 따뜻함 속에 밝게 지낸다. 역시 아이들은 순수하다는 생각이 들었다. 사랑만 받아도 모자랄 시기에 아이들은 제 몫이 아니어야 할 불안함과 불편함으로 가끔 알 수 없는 눈물을 펑펑 쏟아내기도 했다.

아이들의 머리카락을 잘라주면서 도움을 줄 수 있어 뿌듯했다. 너무도 귀엽고 사랑스러운 눈빛에 내 마음도 살살 녹는다. 가까운 거리에 있는 곳이라 일하는 시간에 짬을 내어 할 수 있었다. 봉사하고 온 날은 왠지 모를 뿌듯함으로 하루가 벅차올랐다.

부담 없이 장기적으로 재능기부를 하기에 좋았고, 어느덧 6년이라는 시간이 흘렀다. 누군가에게 자신이 잘할 수 있는 일로 생활에서 부담스럽지 않은 시간을 정해서 도움을 주는 것은 그들에게도 도움이 되겠지만, 실제로 내 삶이 더 풍요로워진다.

행복한 성공수업

돕는 것도 연습이 필요하다

봉사활동을 하면서 나의 어릴 적 환경들이 파노라마로 스쳐 지나갔다. 힘들었지만 최선을 다했던 우리 부모님이 떠올랐다. 평범하게 키운다는 것이 절대로 쉽지 않다는 것을 조금은 이해할 수 있었다. 부모님께 가졌던 서운했던 감정들은 모두 사라지고 감사함이 커졌다.

《나는 99번 긍정한다》의 저자이자 비티앤아이 CEO인 송경애 대표는 기부도 연습이 필요하다고 강조했다. 예를 들면 시중에 800원 하는 컵라면을 회사 안에서 1,000원에 판매한다면 어떤 생각이 들겠는가? 회사 안에서 판매하는 것이 시중 가격보다 저렴해야 한다는 생각이 들 것이다. 그런데 그녀가 돈을 내고 사서 먹은 금액 전액이 불우이웃 돕기에 쓰인다는 것을 알리자 아무도 불만을 느끼지 않았다고 한다. 또한 연말 송년회나 회식 대신 사회복지 시설들을 찾아 봉사활동을 함께하였다.

봉사하기를 원하긴 하지만 하기 어려웠던 사람들도 있을 것이고, 별생각 없는 사람도 있을 것이다. 하지만 누군가에게 나눈다는 것도 엄청난 연습과 훈련이 필요하다는 것을 알기에 직원들에게도 그런 마음을 느끼게 해주고 싶었다. 송 대표는 누군가 그의 도움의 손길이 필요한 곳이 있다면 그의 팔 끝에 있는 손을 이용하게 된다고 한다. 나이가 들면서 느낄 수 있을 것이다. '손이 두 개인 이유는 한 손은 나 자신을 돕기 위한 것이고 다른 한 손은 누군가를 돕기 위한 것이다'라는 것을 말이다.

이렇게 누군가에게 나눈다는 것을 단순하게 내가 남을 돕는다고 만 생각하면 안 된다. 남을 돕게 되면서 내가 상대방에서 베푸는 마음이 있다는 것을 확인하게 되면 자신의 자존감이 높아지게 된다. 좋은 에너지는 나의 주변 사람들과 내가 하는 일, 나를 찾아주는 고객에게도 영향을 미친다.

《생각의 시크릿》의 저자 밥 프록터는 가장 빠르고 효과적인 성공 비결은 타인이 성공할 수 있도록 돕는 것이라 했다. 아무리 훌륭한 대표라도 함께 일하는 사람들이 한마음으로 일하지 않는다면 성공을 이루기 어렵다. 기업의 성공과 실패는 회사에 소속되어 있는 사람들의 잠재 능력과 마음가짐에 의해 많이 좌우되기도 한다. 그러므로 당신이 성공을 꿈꾸고 있다면, 개인의 발전만을 위해 나아가기보다 함께 일하는 사람들과의 협력을 통해 함께 성장하는 것이 결국 당신이 원하는 성공으로 가는 지름길이 될 것이다.

온전히 나를 위해 하는 봉사

봉사활동을 하면서 배우게 된 것이 있다. 나는 늘 사람들에게 많은 것을 나누고 싶다. 그러면서도 내 마음과 다르게 될 때는 상처를 받기도 한다. 그런데 봉사를 하게 되면서 받는 기쁨보다 주는 마음이 나를 훨씬 행복하고 풍요롭게 할 수 있다는 것을 깨닫게 되었다. 누군가로부터 받는 따뜻한 말 한마디, 마음이 담긴 소박한 선물 모두 귀하다는 것도 알게 되었다.

누군가에게 나누고 싶은 것이 있을 때도 상대방의 마음을 잘 살펴 부담스럽지 않도록 해야 한다. 예전에 나는 누군가에게 무언가를 주면 무조건 상대가 좋아할 것으로 생각했다. 상대의 마음보다 나의 감정에 치우쳐 기대감만 커지면서, 오히려 상대에게 서운한 감정이 들었다. 콩 한 쪽도 나눠 먹어야 행복하지만, 그 콩 한 쪽을 나눌 때 콩이 필요한 사람에게 주는 것이 좋다는 말이다. 그리고 누군가로부터 콩 한 쪽을 받게 되면 그 사람이 나를 생각해주는 마음을 느끼며 감사해야 한다.

사람들은 누군가에게 나눌 때 거창한 것이라야 받는 사람도 기쁘다고 생각한다. 그러나 놓치고 있는 부분이 있다. 아무리 비싸고 좋은 것이라도 나에게 필요하지 않으면 짐이 되기도 하고 부담스럽게 느껴진다. 예를 들어 나에게 사탕 하나가 있다고 하자. 단 걸 많이 먹으면 안 되는 사람에게 준다면 그 사람은 좋아하지 않을 수밖에 없다. 그러나 말을 하는 동안 목이 칼칼하다고 느끼고 있는 상황에서 내가 가지고 있는 사탕을 하나 준다면 상대방은 별거 아닌 사탕 하나에도 정말 고맙게 느낄 것이다.

상대에게 따뜻한 마음을 나누는 것만으로도 아주 좋다. 당신이 전달하고 싶은 마음보다야 작게 전달될 수 있지만, 간단한 음료 한잔이라도 상대방을 생각하고 있다고 느낄 수 있도록 하는 작은 선물이나 재능을 나눈다면, 훨씬 더 당신의 마음을 전달하기가 쉬워지게 된다.

누군가에게 나눌 때는 마음으로부터 우러나서 해야 한다. 그래야 상대방도 나의 진정성을 느낄 수 있다. 꼭 비싼 선물을 해야 상대방이 감동하고, 비싼 선물을 받아야만 상대방의 마음을 알 수 있는 것은 아니다.

봉사활동을 한다고 하면 바르고 착한 사람이라고 말을 한다. 그러나 절대로 착해서도, 봉사 정신이 뛰어나서도 아니다. 나의 재능으로 누군가에게 도움을 주고 그 선행이 상대방에게도 도움이 되었다는 사실만으로 나를 존재하게 하는 힘이 되어 자존감이 높아지기 때문이다. 일하고, 돈을 벌고, 누군가에게 가르치는 것 이상으로 나에 대한 만족감과 행복을 흠뻑 느낄 수 있다. 어찌 보면 온전히 나를 위해서이다.

어느 기관에 가서 하는 봉사의 나눔이 아니더라도 우선 주변에서 아주 사소한 것이더라도 생각을 행동으로 옮겨보자. 알고 있는 지식도 좋고, 쓰지 않는 물건도 좋다. 가끔 당근마켓 같은 그런 커뮤니티

행복한 성공수업

에서 본인이 쓰지 않는 물건을 무료로 나누는 글들을 보면, 마음이 따뜻해지고 나를 다시 한 번 돌아보게 된다. 당신에게는 필요 없어진 것이라도 누군가에게는 필요한 것일 수 있다. 필요한 사람에게 손을 내밀어준다면 당신 자신도 행복하고, 우리 사회도 더 따뜻해질 것이라 생각한다.

당신도 손끝을 내밀어 봐요.

그 손이 필요한 사람이 있을 거예요.

그 손을 잡는 순간 당신도 상대방도 감사하고 행복할 거예요.

chapter 4

행복한 성공을 위해
마음가짐을 바꿔라

두려움

두려움을 넘어서라

긍정적인 마음으로 하루를 시작하지만, 일상생활을 하다 보면 예기치 못한 상황들이 생긴다. 아주 사소한 일이더라도 문제가 발생하면 사람들은 무의식적으로 긍정적인 생각보다 부정적인 생각을 더 많이 하기 마련이다. 바로 두려운 마음 때문이다. 어떤 일을 시도하기도 전에 일어날지도 모르는 일을 떠올리면서 걱정한다. 두려움이 마음속 틈새로 들어오면 하늘이 무너지는 것 같은 느낌을 받을 수밖에 없다. 아무리 의식적으로 좋은 생각을 많이 했더라도 두려움은 사람의 사고방식을 뒤흔들어 놓아 판단력을 잃게 만든다. 그로 인해 자기 행동에도 영향을 받게 된다.

《두려움을 이기는 습관》의 저자이자 나의 롤 모델인 나폴레온 힐은 지금 자신에게 일어나는 어려움이 일시적인지 아니면 최종적인지 한번 생각해보아야 한다고 말한다. 두려움에 사로잡혀 꿈을 포기

행복한 성공수업

할 것인가 아니면 두려움을 연료로 삼아 꿈을 끈질기게 추구해나갈 것인가 그 차이를 가르는 것이 '관점'이라고 한다.

두려움이라는 감정은 모두에게 존재한다. 태어날 때부터 두려움 없이 성공하는 사람은 없다. 성공을 이룬 많은 사람에게서 보이는 공통점이 있다. 그들은 우리가 상상해본 적도 없는 좌절을 겪었다는 사실이다. 돈이 많아서도 뛰어난 교육을 받아서도 아니다. 두려움이라는 감정을 단순한 문제로 생각하고, 그 감정을 마음속에 스며들게 하지 않았다는 것이다. 다만 이 문제에 대해 어떻게 해결해 나아가면 좋을지에 대한 관점을 넓혔다. 원하는 목표를 줄곧 명확하게 떠올리며 끈기 있게 추구한 것이 바로 성공의 비결이었다.

같은 출발점에서 시작하더라도 누군가는 높은 지위에 오르고 어떤 사람은 피폐한 삶으로 추락하기도 한다. 여기에서 성공과 실패의 원인을 찾아보면 목표를 이룬 사람들은 자신의 신념을 선택하였고, 목표를 이루지 못한 사람들은 두려움을 선택하였다. 누구나 어려움에 부닥치게 되면 자기 능력을 의심하게 된다. 주변의 도움 되지 않는 말들과 시선으로 인하여 자신의 목표에서도 멀어지기 마련이다. 그런 상황이 반복되면서 무기력해져 인생을 통제하기 어려워진다. 결국, 성공한 삶과 실패한 삶의 양상은 각자의 사고방식이 모든 것을 결정짓는다.

두려움을 극복하면 시련은 행운이 된다

흔히 다이아몬드는 부의 상징처럼 표현되어 결혼할 때에도 예물로 다이아몬드를 활용한 액세서리로 제작한다. 그런데 재미있는 사실이 있다. 귀하고 값비싼 다이아몬드도 맨 처음에는 탄소 덩어리였다는 것이다. 우리가 흔하게 사용하는 연필에 들어 있는 흑연도 겉보기에 전혀 다른 물건처럼 보이지만 다이아몬드와 같은 화학성분인 탄소이다. 이처럼 같은 소재라도 그 원자들의 배열에 따라 다이아몬드가 되기도 하고 연필심이 되기도 한다.

성공한 이들은 자신에게 어려움이 발생되었을 때, 문제에 대해 일시적인 오류로 받아들이고 재설정을 하여 또다시 도전한다. 탄소가 다이아몬드가 되기 위해서 특정한 원자 배열 조건을 갖추어야 하듯이, 도전한 일에서 실패를 경험해보았다면 원인을 파악하고 원하는 목표를 위한 접근방식 보완과 재설정을 해야 한다.

현재 당신이 패배라고 느껴지는 곳에서 한 발 넘어서면 성공이 기다리고 있다는 것을 꼭 기억하며 역경을 바라보는 관점을 넓혀야 한다. 꿈을 꾼다는 것은 나를 설레게도 하고 동시에 두렵게도 하지만 앞에서도 이야기했듯 자신이 결정한 신념이 당신의 어려움을 이겨낼 수 있는 방향을 제시해줄 것이다. 다양한 관점으로 당신에게 일어나는 문제를 바라본다면 두려움이라는 감정도 당신을 빛나게 만들어줄 고유한 소재가 될 수 있다.

꿈을 꾼다는 것은
나를 설레게도 하고 동시에 두렵게도 한다.
성공한 삶과 실패한 삶의 양상은
각자의 사고방식이 모든 것을 결정짓는다.
두려움을 이겨낼 수 있는 유일한 방법은
자신을 믿는 것이다. 당신이 결정한 신념이
어려움을 이겨낼 방향을 제시해줄 것이다.

나폴레온 힐은 두려움을 극복하기 위한 치료법은 용기 있는 행동을 반복하는 것이라고 했다. 두려움은 부정적인 생각을 잠재의식에 끌어들여서 이를 현실로 만든다. 습관 중에는 자신도 모르게 무의식적으로 만들어진 것도 있고, 스스로가 의식적으로 만들어내는 습관도 있다. 두려운 감정이 떠오르면 감정을 생각으로 연결하지 말고 그 자체로 인식하여 끊어내야 한다. 두려움을 직시하면 감정적 혼돈이 힘을 잃고 두려움은 용기로 거듭나게 된다.

두려운 감정이 당신의 잠재의식에 자리 잡지 못하도록 정지시켜야 한다. 처음 결정한 당신의 신념을 떠올리고 긍정적인 생각으로 자신을 통제하며 행동해야 한다. 처음에는 익숙하지 않겠지만 무엇이든 반복적으로 행동하면 습관으로 자리를 잡게 되기 마련이다. 이 점을 활용한다면 시련을 행운으로 바꾸는 방법을 터득하게 된다. 당신을 한 단계 성장시켜주고 빛나게 만들어줄 다이아몬드가 될 것이다.

반복된 연습이 해결책이다

당신 스스로가 만들어놓은 신념은 인생을 바라보는 관점을 넓혀주는 힘을 키워준다. 현재 전 세계가 바이러스 질환들로 어려움을 겪고 있다. 개인의 면역상태에 따라 감염 반응이 다른 것처럼 두려운 감정에도 다양한 유형이 존재한다. 우리가 두렵다고 느끼는 감정은 중추신경계에서 만들어진다. 신경학자들에 따르면 생활 속에서 받는 여러 자극에 대한 기억이 뇌의 특정 영역에 저장된다고 한다.

뉴욕대학교 인지신경과학연구소 소장 엘리자 펠프스 박사의 감정과 기억 연구에 따르면 기억에는 외현기억과 암묵기억의 두 종류가 있다. 《결국 해내는 사람들의 원칙, The Answer》의 저자 바바라 피즈와 앨런 피즈는 외현기억은 사실관계나 세부 사항, 인상에 대한 기억, 의식으로부터 하는 기억이라고 말한다. 한편 암묵기억은 과거에 저장된 사건이나 경험이 의식하지 못한 상태에서 이미 자동적인 신체 반응으로 발현되는 것이다. 대부분 우리가 느끼는 두려움도 일종의 암묵기억이다.

고등학생이 되던 해 새집으로 이사를 했다. 새 침대와 브로마이드를 걸어놓고 한껏 꾸민 나만의 공간이 생겼다. 그 시절 나는 사춘기를 겪었고 감성이 풍부했다. 그때 즐겨 들었던 음악이 있었다. 리즈라는 가수가 발표한 〈그댄 행복에 살 텐데〉라는 제목의 노래이다. 희한하게도 지금 20년 가까이가 지났지만 그 노래를 들으면 타임머신을 타고 그 시절로 돌아간 것처럼 과거에 느꼈던 감정이 여전히 생생하게 되살아난다.

어느 날 우연히 라디오에서 〈그댄 행복에 살 텐데〉가 흘러나왔다. 고등학생 시절 방 안의 이미지와 냄새 그리고 그때 느낀 감정들이 떠올랐다. 이를 외현기억이라고 한다.

미용을 시작하면서 피아노 연주를 하지 못했다. 처음에는 피아노를 떠올리면 이루지 못한 꿈에 대한 아련함이 있었다. 시간이 한참 흘렀고 어느 날 본가에 오니 어릴 적 쳤던 피아노가 있었다. 그 앞에 앉아서 손가락을 건반 위로 얹었다. 그러자 예전에 쳤던 연주곡을 습관처럼 손가락이 자동으로 움직이고 있었다. 이것을 암묵기억이라고 한다. 내가 연습하고 경험했던 것들의 시간으로부터 만들어진 기억인 것이다.

미용 선배님이기도 한 엄마가 했던 말이 떠올랐다. 내가 처음 디자이너가 되면서 어려움에 부딪힐 때면 엄마는 세월이 흘러야 잘할 수 있는 것들이 있다고 했다. 그때는 그 말의 뜻을 이해하지 못했다. 하지만 20년 동안 미용하다 보니 이제는 이해가 된다. 의식하지 않은 채 반복해서 연습하면 눈에 보이지 않았던 결과들이 쌓이고 쌓여 몸에 배는 것이다. 그 덕분에 내가 고객에게 어울리는 스타일을 제안하거나 내가 어떤 일에 대한 중요한 판단을 내려야 할 때 나의 실력을 발휘하게 해주는 힘이 된다.

결국은 우리가 무엇인가 이루고자 할 때 잘할 수 있을까에 대한 두려운 마음이 암묵기억이라면 그것을 극복하는 유일한 방법은 연습의 반복이라는 것이다. 연습을 통해 몸에 익숙해지게 되면 내가 어떤 결과물을 낼 때 쉽고 빠르게 판단하는 지혜를 얻을 수 있게 된다.

두려움으로 도망가기보다 정면 승부하라

어떤 경우에는 외현기억과 암묵기억이 모두 저장되기도 한다. 한 번은 남자 아기 손님이 머리를 자르려고 왔다. 아기는 아직 말로 의사 표현을 할 수 없는 상태였다. 낯선 환경에 온 것도 약간의 두려움이 생길 수 있는데, 엄마는 멋지게 해주고 싶어서 아이를 잡고 예쁘게 잘라달라고 했다. 처음에는 별 탈 없이 잘하고 갔다. 그런데 두 번 세 번 머리를 자르러 오기 시작하면서 아이는 점점 커갔고 머리 자르는 것을 온몸으로 거부했다.

세 번째 머리를 자르러 왔을 때였다. 조금씩 의사 표현을 하기 시작하면서 머리를 자를 수 없을 정도가 되었다. 엄마가 안아주고 눈을 가리고 자르려고 하는 순간 가위소리를 듣고 곧바로 아이는 외현기억이 상기되어 공포감을 느꼈다.

나중에 엄마에게 들은 이야기는 그 아이가 이 근처를 지나가기만 해도 헤어샵의 이미지들이 떠올랐는지 자지러지게 울었다고 한다. 외현기억이 작동된 것이다. 그 이후 몇 년간 머리 자르는 것이 그 아이에게는 두려움의 시간으로 자리를 잡게 되었다.

가끔 성인이 되어서도 머리를 자르는 것을 유난히 싫어하는 사람들이 있다. 아마도 편도체에서 조정하는 고전적 조건화 과정에 의해 예전에 경험했던 두려운 감정이 떠올라 무의식적으로 거부하고 싶은 마음이 든 것 같다.

두려움이 꼭 나쁜 것만은 아니다. 두려운 마음에도 종류가 있다. 두려움은 때로는 자신을 위험한 상황으로부터 보호하기 위한 기능을 하기도 한다. 그러나 두려움을 느끼는 정도가 커지면 강박으로 이어지고 공황 장애 등의 여러 불안으로부터 오는 장애가 생긴다.

《결국 해내는 사람들의 원칙, The Answer》에서는 사람의 기억은 뇌를 이루는 수많은 신경세포 사이에서 복잡하게 일어나는 전기적 화학적 상호작용의 결과물이라고 했다. 해부학적인 구조는 같지만, 신경세포 간의 상호작용은 서로 다르기 때문에 두려움을 극복하기 위해서는 새로운 기억으로 중추신경에 반응하고 있는 조건을 수정하는 것이 필요하다.

두려움을 마주했을 때 선택할 수 있는 두 가지 반응이 있다. 벌어질 상황에서 도망가는 것과 무섭지만 정면승부를 해보는 것이다. 두려운 감정이 느껴지더라도 용기를 낸다면 두려움을 정복할 수 있다. 하늘이 무너져도 솟아날 구멍이 있다.

어려운 상황에서는 항상 기회는 있다. 당신의 지금 상황이 어렵고 두려운 마음이 들더라도 용기를 내보자. 생각지 못한 기회가 숨어 있을 것이다. 지금 책을 읽고 있다는 것만으로도 당신은 변화를 꿈꾸기 위해 이미 한 발 올라선 것이다. 두려움에 갇혀 자신 안에 벽을 만들지 않기를 바란다.

당신을 진심으로 응원한다.

꿈을 이루기 위해 필요한 자신감

누구에게나 존경과 인정을 받고 싶은 욕구가 존재한다. 우리는 원하든 원하지 않든 사람들과 상호작용을 하면서 살아간다. 또한 스스로 가치 있는 사람이 되기 위한 노력도 하고, 다른 사람들을 통해 자신의 존재감을 확인받고 싶어 하기도 한다. 그러려면 자신에 대한 신뢰가 충분해야 한다. 자기 확신이 없는 사람일수록 다른 사람들의 말에도 쉽게 흔들리기 때문이다. 나무의 뿌리가 불안정하면 어떤 좋은 영양을 주더라도 건강하게 자라지 못한다. 당신이 꿈꾸는 목표를 이루기 위해서는 자신을 믿는 마음이 중요하다.

자기 능력과 가치에 대한 전반적인 평가와 태도를 자존감이라고 한다. 즉, 자신을 존중하고 사랑하는 마음이다. 뿌리가 깊은 나무일수록 거센 비바람이 몰아쳐도 부러지지 않는 것처럼 자존감은 자신을 지탱하는 힘이 된다. 그렇기 때문에 자존감이 높을수록 어려움이 와도 부러지지 않고 유연하게 해결해나갈 수 있다.

자존감이 잘 형성된 사람일수록 자기 능력에 대해 자신감도 잘 표출한다. 자신감은 자신이 어떤 결과를 이루려고 할 때 성공적으로 해낼 수 있다는 느낌이다. 삶을 살아가는 데 있어서 자신감은 매우 중요한 역할을 한다.

일상에서 일어나는 많은 일에 대하여 만족을 느끼는 것은 자신감과 연결되어 있다. 그 만족감이 충분할 때 행복한 감정도 느낄 수 있다. 자신감이 있는 사람은 새로운 경험에 대해 두려워하지 않고, 다른 사람들과도 긍정적인 인간관계를 유지하려고 한다. 취미생활 등 삶의 다양한 면에서도 재능을 보이고 진정 즐거움을 느낀다.

행동을 통해 긍정적인 결과로 성취감을 경험했을 때, 어떤 일을 성공적으로 이루었을 때, 누군가의 칭찬과 인정을 받았을 때 자존감은 높아지게 된다. 자존감을 높이기 위해 먼저 생각하고 관찰해야 할 것들이 있다. 자신이 무엇을 좋아하고 어떤 삶을 살기를 원하는지 알아야 한다. 즉, 자신이 소망하는 것이 명확해야만 스스로를 움직일 수 있는 신념이 만들어진다. 신념은 잠재의식에 반응하여 행동을 이끌어가기 때문에 사소한 일이라도 내가 자신 있다고 느껴지는 것이 무엇인지 생각해야 한다.

자신을 믿는 마음은 내 안에 숨어 있던 잠재의식을 살아나게 한다. 꿈을 이루기 위해 자신감은 꼭 필요하다. 자신감이 내 마음속에서 자리 잡지 못하면 목표를 이루는 동안 의문을 품게 된다. 일이 잘 진행될 때는 극복할 수 있지만, 조금 어려움이 생기면 쉽게 포기하게 된다. 자신감은 스스로에게 신뢰감과 확신을 준다. 이 감정은 어려움을 극복할 수 있는 용기와 힘을 주기 때문에 목표를 이루는 것보다 더욱 중요하다. 모르는 길을 무작정 떠나는 것과 지도를 갖고 떠나는 것은 엄청난 차이가 있기 때문이다.

《자신감 쌓기 연습》의 저자 데이비드 로렌스 프레스턴은 자신감을 쌓기 위해 아이티아 포뮬러 5가지 요소의 적용을 제안한다. 그 내용은 자기 인식, 목적, 사고방식, 상상력, ~인 척 행동하기이다. 내가 원하는 것이 어떤 것인지, 달라지고 싶은 부분이 무엇인지 생각해 보아야 한다. 원하는 목표를 실행하기 위해 방해되는 것들은 무엇인지도 체크해야 한다.

잘하는 척이 자신감을 향상시킨다

당신이 꿈꾸는 삶의 모습이 있는가? 그렇다면 원하는 모습의 이미지를 떠올리며, 이미 목표를 이룬 것처럼 행동해야 한다. 시작도 하기 전에 김칫국부터 마시는 것 같다고 생각할 수도 있다. 우리의 뇌는 상상을 하게 되면서 느끼는 감정들을 새롭게 변화하는 행동으로 받아들이게 된다. 그러므로 나를 믿고 기대하는 방향으로 생각을 바꾸고 견뎌보는 것이 중요하다. 당신도 모르는 사이 마음속에서 자신감이 자라있을 것이다.

앞서 언급한 나의 롤 모델이자 《나의 꿈 나의 인생》의 저자 나폴레온 힐은 자신을 움직이는 것은 신념이라 했다. 강한 신념은 어떤 한계도 극복하게 하는 힘이 있다. 좋은 정보이든 나쁜 정보이든 계속 반복적으로 되풀이하게 되면 잠재의식 속에 새겨진다. 마음에 드는 생각이나 정보만 선택적으로 새기면 좋겠지만 그것은 불가능하다. 다만 원하는 생각을 반복적으로 잠재의식에 전달하여 지침으로 자리 잡도록 할 수는 있다. 성공한 사람들이 공통으로 말하는 긍정적인 생각이 성공으로 이끌었다는 것도 이 맥락과 일치한다.

지금 당신이 하는 생각 또한 반복되면 차츰 잠재의식 속에 자리 잡게 된다. 긍정적인 생각이라면 계속해서 강화해가면 된다. 하지만 부정적인 생각을 하고 있다면 '당장' 멈추어야 한다. 당신이 꿈꾸던 방향과 일치하지 않는다면 의식적으로 생각을 전환해야 하는 것이다. 왜냐하면 생각은 신념이 되어 한 사람의 성격으로 변화하기 때문이다.

SBS에서 진행하는 〈골목식당〉이라는 프로그램이 있다. 영업이 잘 안 되는 음식점의 문제점을 분석하여 수정하고 보완해서 잘되도록 도와 골목 상권을 살리는 취지의 프로그램이다. 그중 한 사례를 이야기하려고 한다. 한 지원자의 음식점을 방문했다. 음식점에서 볼

당신이 꿈꾸는 삶의 모습이 있다면
자신이 기대하는 방향으로
생각하고 견뎌보는 것이 중요하다.
당신도 모르는 사이 마음속에
자신감이 자라 있을 것이다.
모르는 길을 무작정 떠나는 것과
지도를 갖고 떠나는 것은 엄청난 차이가 있다.

행복한 성공수업

수 없는 위생 상태의 장면들이 프로그램을 통해 공개되었다. 요식업에서 위생 상태는 가장 중요한 기본임에도 지켜지지 않았다.

백종원은 지원자를 향해 듣기 창피하고 불편한 사항을 지적했다. 현재 상태를 인식하고, 하나둘 생각을 바꾸어 좋은 습관들을 익혀나갈 것을 주문했다. 이후 곳곳에 카메라를 설치해서 관찰했다. 그 결과 지원자는 주변 시선을 의식해 위생관리에 철저하게 임하는 모습이 카메라에 담겼다.

중간 상황을 보고하는 중에 자신이 위생에 대한 부분을 신경 씀을 계속해서 강조하였다. 이야기를 듣던 백종원이 입을 열었다. 사람들이 보고 있고, 카메라가 찍고 있으니 깨끗하게 하는 척을 했다는 것이다. 그러나 이어 잘하는 척은 나쁜 것이 아니라고 말했다. 잘하는 척이 모여 잘하는 사람으로 만들어진다는 뜻이다.

스태프 시절에 있었던 일이다. 모발 클리닉에 대한 교육을 이수하였고, 때마침 클리닉을 받으러 온 고객님이 있었다. 담당 선생님은 나에게 단독으로 모발 케어를 맡기셨다. 나는 설명을 잘했다고 생각했다. 시술이 끝난 후 선생님은 나를 조용히 부르셨다. 담당 선생님은 밖에서 내가 하는 설명을 듣고 계셨다. 나를 부른 이유는 클리닉에 대한 정보를 제공하는 부분이 틀려서가 아니었다. 분명 '나는 잘한 거 같은데'라며 머리를 긁적였다.

선생님은 내가 고객에게 한 멘트를 그대로 읊어주었다. "고객님 모발 클리닉을 받으면 모발의 유·수분 밸런스가 이루어져 모발이 건강해지고요….” 여기에서 나는 모든 설명 끝에 '~하구요… ~해지구요…'로 마무리를 하는 것이 자신감 없어 보이는 말투로 느껴진다고 했다. 사실 고객에게 클리닉에 관해 설명을 할 때 '~합니다'로 표현을 하는 것이 쑥스럽게 느껴졌다. 왠지 잘난 척하는 것 같은 느낌이 들었다.

지적받고 난 후 무엇이든 설명할 때 '~합니다'로 끝맺음하기 위해 노력했다. '~구요…'에서 '~합니다'로 바꾸었을 때의 차이는 확연했다. "고객님 모발 클리닉을 하면 모발의 유·수분 밸런스가 이뤄져 모발이 건강해집니다"라고 말하는 순간 신기하게도 스스로 굉장히 자신감 있는 모습으로 느껴졌다. 뭔지 모르지만, 전문가 같다는 생각이 들었다. 그렇게도 외워서 하려고 했던 설명들이 이제 편안하고 자연스럽게 술술 나오는 것이다. 더욱 놀라운 것은 모발 케어를 받은 고객이 내가 추천해주는 홈 케어 제품을 구매하고 싶다는 것이었다. 이후 샵 전체에서 홈 케어 제품 판매로 탑을 찍는 성과를 내는 성공경험을 했다.

학교에서 학생들에게 수업할 때 항상 강조하는 것이 있다. 못해도 잘하는 척하라고 한다. 틀려도 자신 있게 틀리라고 한다. 이렇게 수업 시간마다 이런 습관을 하나둘 만들다보면 어느 순간 본인이 원하는 대로 잘 진행되는 경험을 하게 된다. 학생들은 나를 보며 "저

행복한 성공수업

잘하죠?"라고 이야기한다. 그럴 때면 그 학생에게 예전 상황에서 나아진 부분을 상세하게 설명해주고, 실력이 향상된 부분에 대해서 칭찬해준다. 어떤 일이라도 목표에 해당하는 것을 이루는 과정에서 자극이 일어난다. 이때, 잘하고 있다는 긍정적인 생각은 최고의 자극제이다.

두려움을 이길 수 있는 자신감을 기르자

최근 우연히 보았던 드라마가 생각난다. 자주 등장하는 스토리이면서 우리에게도 흔하게 일어나기도 하는 상황들이 나왔다. 어릴 적부터 알고 지내던 이성 친구에게 어느 날 갑자기 사랑하는 감정이 생겼다. 친구로 지낼 때는 감정의 변화가 없었다. 그런데 좋아하는 감정이 깊어질수록 상대가 나를 떠나가지 않을까에 대한 두려운 마음이 커졌다. 이처럼 두려운 마음은 우리의 정신을 지배한다.

여기서 두려운 마음이 생기는 원인이 있다. 두려움은 그 친구와의 관계를 더 잘 유지하고 싶은 마음에서 비롯된다. 하지만 두려운 마음으로부터 상대방을 오해하기도 하고 믿지 못해 관계가 깨지는 경우가 생긴다. 사람과의 관계에서뿐만 아니라 일할 때도 마찬가지이다. 내 능력으로 충분히 해낼 수 있던 일도 더 잘하고 싶은 마음과 못하면 어떡하지 하는 마음으로부터 두려움이 생긴다. 그 두려움은 머릿속을 하얀 백지로 만들어 능력을 발휘할 수 없게 방해한다.

《자신감 수업》의 저자 수잔 제스퍼는 삶에서 새로운 것을 도전해야 할 때 두려움을 느끼지만, 그럼에도 그 일을 해낸다면 두려움은 문제가 되지 않는다고 했다. 두려움이라는 감정은 우리 몸이 위기 상황에서 자신을 보호하기 위해 몸 전체에 아드레날린을 분비하며 방어태세를 취하는 기제이다.

두려운 마음이 들 때면 스스로 소리 내어 응원해주는 것이 좋다. 처음에는 쑥스럽기도 하고 어렵겠지만 몇 번 반복하다 보면 익숙해질 것이다. 새로운 일을 마주할 때 두려운 마음이 든다면 잘하고 싶다는 간절함이 있기 때문임을 인식해야 한다. 두려움을 극복하는 유일한 방법은 칭찬의 비율을 높여 두려움의 크기가 작아지게 하는 것이다.

어릴 적 나는 산만하다는 이야기를 많이 들었다. 한 가지에 몰입하는 것이 어려웠다. 몰입하더라도 집중하는 시간은 짧았다. 그 부정적인 기억이 무의식에 남아 있다. 일을 집중해야 할 상황이 되면 못할 것 같은 두려움도 함께 밀려왔다. 그럴 때마다 한 선생님에게서 들은 카멜레온 같다는 말을 의식적으로 떠올린다. 이번에도 잘 적응할 수 있을 거라고 스스로 말을 하고 용기를 낸다.

성공 경험을 통해 자신감을 높여야 한다. 짧은 기간 안에 할 수

행복한 성공수업

있는 일이나 비교적 쉬운 것부터 시작해서 성공 확률을 높인다. 산만함이 약점으로 여겨질 수 있겠지만 과업을 잘게 나누어 느리더라도 조금씩 성취를 쌓아갔다. 약점을 강화해서 강점으로 만든 덕분에 여러 가지를 다양하게 잘하는 사람으로 평가받게 되었다.

주어진 한계를 받아들이고 갇혀 살아갈지 아니면 한계를 뛰어넘어서 성장시킬지 이 모든 것은 내 생각과 마음에서 비롯된다. 어떤 일에 대해 할 수 있고 없고의 마음은 모두 당신의 선택에 따라 가능하기도 하고 불가능해지기도 한다. 모든 일은 당신이 마음먹기에 달렸다. '여기까지밖에 할 수 없다'라고 생각했던 것도 당신이 정한 한계일 뿐이다.

내가 정해놓은 나의 모든 한계는 스스로만이 뛰어넘을 수 있다. 당신이 두려워하는 마음을 할 수 있다는 생각으로 전환하는 용기를 내보자. 최소한 당신의 자신감이 이미 상승하게 될 것이다.

행복한 성공을 위한
마음의 준비

    행복한 성공이라는 것은 먼 이야기가 아니다. 하루 중에도 무수한 일들이 일어난다. 사람은 누구나 스스로 편리한 대로 생각하고, 하고싶은 대로 행동한다. 그러다 보니 때로는 아주 사소하고 가벼운 일로도 하루의 감정이 무너질 때가 많다.

    성공이라는 단어를 당신과 먼 이야기라 생각하지 말자. 지금 어렵고 힘들더라도 상황을 바라보는 방식을 바꾸어보자. 내가 왜 어려움을 겪어야 했는지 깨닫게 될 것이다. 삶을 대하는 태도와 방식이 바뀐 자기 모습을 볼 수 있게 될 것이다.

    스스로가 어렵고 힘든 생활을 하면서 지낸다는 것에 집중하는 사람들은 남들은 다 잘살고 있는데 나만 이 모양 이 꼴로 사는 거 같다고 생각한다. 가난하고 어렵게 산다고 해서 불행한 것은 절대 아니다. 가끔 낙후된 지역에 사는 사람들의 풍경을 보면 옆집 뒷집을 돕고 작은 것들도 서로 나누는 정이 있다. 그들은 그런 삶이 일상이 되다 보니 돈 주고도 살 수 없는 것들에 대해 가볍게 생각하는 경향이 있다.

물질에 더욱 집중하며 불행한 감정을 떠올린다. 자신도 모르는 사이 부를 가진 사람들에 대해 나쁜 점을 보려고 한다. 단점을 짚어내어 나보다 못한 점을 찾아 확인하고 싶어 한다.

부와 명예가 삶을 더 단단하게 해주는 환경이 되기는 한다. 중요한 것은 부와 명예가 꼭 성공과 행복의 기준이라고 생각하지 않아야 한다는 사실이다. 무엇보다 현재 나아지고 있는 자기 모습에 관심을 가져야 한다. 완성된 결과도 중요하지만, 성공의 결과에만 집중하면 안 된다. 결과를 향해 걸어가는 과정에서 소소하게 작은 성공들도 분명 필요하다. 작은 성공이 쌓이고 쌓여 어느 날 원하는 방향을 향해 있을 것이다. 따라서 성장해가는 과정을 즐기는 연습이 필요하다.

반대로, 부자로 풍요롭게 산다고 해서 행복한 것만은 아니다. 유명하고 명예로운 위치에 있다고 삶이 만족스럽기만 한 것도 아니다. 부와 명예를 가진 사람들과 이야기해보면 정다운 삶을 그리워하면서 외로움을 느끼는 경우를 종종 보게 된다. 많은 것을 가져 행복할 것으로 생각했는데 반전이 있다는 사실을 알게 되었다.

불행도 행복도 당신의 선택에 달렸다

    사소한 일상에서의 소중함이 뭔지 조금은 이해가 되었다. 늘 잔소리로 들리지만 끼니를 걱정해주는 부모님, 잘 지내는지 안부를 물어주는 친구의 전화 한 통, 일터에 찾아온 고객들의 응원, 이 모든 것들이 귀하지 않을 수가 없다. 그 이후 나를 아껴주는 사람들에 대해 감사하는 마음으로 관계를 맺으려 노력했다. 그러자 너무 신기하게도 이후 내 주변에 좋은 사람들이 참 많아졌다.

    여기에 중요한 사실이 있다. 새롭게 알게 된 사람도 있었지만, 기존에 알았던 사람들도 꽤 많다는 것이다. 사람을 대할 때 나의 마음가짐과 태도가 상대방에게 전달된다는 것이 중요하다. 결국은 상대를 내 마음대로 판단하고 바라보았던 모습에 오류가 존재함을 알 수 있었다.

    또 다른 경우는, 나는 좋은 마음으로 대했는데 상대가 나에 대해 좋지 않은 표현을 할 때이다. 나를 나쁘게 보려고 했다기보다 상대방의 마음 상태가 좋지 못해 그렇게 표현이 나왔다는 것을 알게 되었다. 순간적으로 기분은 상하겠지만 그 상황에 대한 이해가 되면 받아들일 힘이 생긴다.

어떤 일을 할 수 있고 없고는
모두 당신에 선택에 따라 달라진다.
할 수 없다고 생각했던 것도
당신이 정한 한계일 뿐이다.
모든 한계는 오직 당신 스스로만이
뛰어넘을 수 있다.

P라는 사람이 결혼했다. 아이도 낳았다. 어느 날 시어머니가 집으로 오셨다. 허리도 불편하신 어머님이 아이를 안고 봐주면 힘들 것 같아 괜찮다고 편하게 쉬시라고 했다. 그렇게 하루를 보내고 잘 가셨다. P는 어느 날 뜻밖에도 충격적인 이야기를 듣게 되었다. 어머님이 우리 집에서 잘 지내고 가셔서는 다른 사람들에게 '며느리가 아이를 못 만지게 해서 한 번도 안아보지도 못하고 왔다'고 이기적인 며느리라는 흉을 보았다는 것이다.

이렇게 입장에 따라 다양한 감정이 존재할 수 있음을 알 수 있다. 하지만 중요한 사실은 내가 상대를 바라보는 태도로 상대방을 좋은 사람으로도 나쁜 사람으로도 왜곡해서 볼 수 있다는 것이다. 결론적으로 불행도, 행복도 내가 어떻게 생각하고 선택하는지에 따라 변화할 수 있다.

《프레임》의 저자 최인철 교수는 어떤 사건에 대해 그 자체만으로의 의미가 있다고 한다. 사건을 조금 더 추상적으로 생각할 수도 있고, 더 감성적으로 생각할 수도 있다. 우리 모두는 동일한 사건에 대해 구체적 수준에서부터 추상적인 수준에 이르기까지의 프레임을 선택할 자유가 있다. 그리고 어떤 정도의 프레임을 선택하는지는 행복과 의미 추구에 결정적인 영향을 준다고 한다.

나의 경우 어려운 상황이 발생하면 반대 입장에서 이해하려고 노력한다. 그 상황에 기분이 상할 수 있는 나 자신을 이해하고 인정한

다. 왜냐하면 상대방을 미워하고 원망하는 것은 나 자신에게도 독이
되기 때문이다.

어떤 상황에서 부정적인 생각이 먼저 든다고 절대 이상한 것이
아니다. 긍정적인 면 뒤에 부정적인 면이 존재할 수 있는 것을 꼭 기
억해야 한다. 반대로, 부정적인 감정이 떠오르는 상황 뒤에 반드시
긍정적인 면이 있다는 것도 꼭 기억해야 한다.

이렇게 생각의 태도를 바꾸는 것은 절대 내가 착해서도 남에게
배려를 잘해서도 아니다. 철저하게 나 스스로가 행복하기 위해서임
을 잊지 말아야 한다. 부정적인 사람들과 환경으로부터의 방어를 할
수 있는 도구가 생기는 셈이다.

어렵더라도 두세 번만이라도 실행에 옮겨본다면 자신의 마음이
편안해지고 변화되는 모습을 보게 될 것이다. 이런 태도가 습관으로
이어지면 마음의 근력이 생기게 된다. 나아가 삶의 어려움에 직면할
때 회복 능력이 좋아질 것이다.

많이 가지고 있든 적게 가지고 있든, 행복은 절대로 어려운 것이
아니다. 성공과 행복을 먼 이야기처럼 생각하지 말자. 주변에 따뜻
하게 해주는 말 한마디에도 행복하다고 인식하자. 또한 사소한 일이
더라도 마무리할 때마다 작은 성공을 입 밖으로 내어 자신을 칭찬해
주자.

어느 순간 스스로 성장해 있는 모습을 느낄 수 있을 것이다. 나아

가 누군가의 인정보다 자신의 성장에 행복감을 느끼는 하루하루를 보낼 수 있을 것이다. 모두가 행복한 성공을 경험할 수 있을 것이다.

좋은 말이 운명을 바꾼다

우리가 누군가의 강연을 들을 때를 떠올려보자. 강연자로부터 감동할 때, 진실하다고 느껴질 때 그 강의가 좋았다고 느낀다. 강의뿐만 아니라 내가 누군가를 설득해야 하는 상황일 때도, 직장에서 일할 때도 마찬가지다. 진실함은 꾸밈없이 한결같아야 한다.

중요한 것은 내가 한 말들이 상대방에게 도움이 되는 말이어야 당신의 말에도 힘이 실린다는 것이다. 아무리 준비를 많이 하고 좋은 이야기더라도 듣는 사람의 마음을 얻지 못한다면 의미가 없다.

우리 속담에 "말 한마디로 천 냥 빚을 갚는다"는 말이 있다. 그만큼 말 한마디에 따라 상대방에게 믿음을 주기도 하고 신뢰가 깨지기도 한다. 상대방과 이야기를 나누다 보면 분명 좋은 말인 것 같은데 기분이 상할 때가 종종 있다. 상대는 나를 위한 조언이라 하지만 퉁명스럽게 말을 하고 부정적인 표현을 자주 섞어서 말을 한다면 아무리 좋은 내용의 이야기라도 기분이 나빠지기 마련이다.

간혹 어떤 누군가의 제안을 받거나 아니면 내가 제안한 일을 거

행복한 성공수업

절당하는 상황에 놓여 있을 때 부드럽게 미소 지으며 정중하게 말을 한다면 상대방은 불쾌해 하기보다 나에게 더 호감을 느끼게 된다. 이처럼 말이라는 것은 상대방에게 용기를 주기도 하고 때로는 상실감을 주기도 한다.

말을 할 때는 상대의 상황을 잘 파악해야 한다. 가능하면 상대방에게 도움이 되는 것이 좋다. 당신으로 인하여 상대방에게 긍정적인 변화가 생긴다면 얼마나 좋은 일인가?

부정적 피드백을 했던 사람 역시 상대가 잘 안 되기를 바라서는 아닐 것이다. 본인의 말버릇이 어떠한지 잘 모르고 있기 때문에 상대가 오해하도록 말이 전달되었을 것이다. 이처럼 말은 내용보다도 말투와 말할 때의 억양이 많은 영향을 미친다.

《어른답게 말합니다》의 저자 강원국은 내 삶이 왠지 꼬이는 것 같고 뭔가 마음에 들지 않는다면 나의 말버릇이 어떤지 살펴보아야 한다고 했다. '~밖에'라고 말하는 사람인지 '~이나'라고 말하는 사람인지 한번 스스로 생각해볼 필요가 있다. 말 습관이 바뀌면 인상이 바뀌고 인생도 바뀐다고 했다.

어떤 경우에는 사람의 말투만 들어봐도 그가 어떤 사람인지 알 거 같지 않은가? 상대방이 아무리 지식수준이 높고 많은 공부를 했더라도 말이 성의없다든가 일관성 없게 이야기한다면 그 사람을 신뢰하기 어렵다

자라오면서 주위 환경으로부터의 영향으로 만들어진 말버릇이 있다. 스스로가 어떻게 말하는지 객관적으로 인식한다면, 당신의 꿈을 이루는 과정이 더욱 순조로워질 것이다.

긍정적인 말 한마디가 당신을 만들어주고 좋은 말들이 쌓이고 쌓여서 운명을 결정하게 된다. 좋은 말 습관은 내가 원하는 방향으로 이끌어가고 운명을 바꿀 수 있다.

행복한 성공수업

회복 탄력성

변화를 두려워하지 않는 마음

성공적인 인생을 살기 위해 당신은 무엇이 중요하다고 생각하는가? 지식? 아니면 탁월한 재능? 아니면 금수저? 인맥? 물론 모두 갖출 수 있다면 너무 좋을 것이다. 그러나 생각해봐야 할 부분이 있다. 똑똑하다고 해서, 금수저라고 해서, 재능이 뛰어나다고 해서 모두 성공하지는 않는다. 단지 처음 시작할 때 조금 수월할 수는 있다.

그러나 그 시작이 성공의 결과가 되지는 않는다는 것이다. 끝까지 이겨내어 성공을 이룬 사람들은 자신의 환경에서 변화를 두려워하지 않았다. 그들은 끝까지 노력하며 적응했다. 성공이라는 것도, 행복이라는 것도 결국은 자신의 마음가짐에 달려 있다.

《여덟 가지 삶의 태도》의 저자 나폴레온 힐은 믿음은 어떤 기술로 길러야 하는 마음의 상태라고 했다. 그 기술을 이용하면 어떤 목표이든 자신의 마음을 컨트롤할 수 있고, 목표가 달성된다는 신념을

당신이 익숙해져 아무것도 아니라고 생각하는 것이
누군가에게 그토록 갖고 싶은 모습이기도 하다.
그러니 당신도 현재의 모습에서 당당하게 맞서보았으면 좋겠다.
당신을 믿는 만큼 꿈은 성취될 것이다.

행복한 성공수업

갖고 전념할 수 있게 된다. 그 첫 번째 방법은 자신의 상황을 인정하는 것이다. 자신에게 문제가 되는 어려운 부분을 개선한다면 그것이 어떤 것이든지 당신을 성장하게 만든다. 생각과 태도가 기질을 결정하여 습관을 만든다. 만들어진 습관이 쌓여 인생의 전반적인 모습을 결정한다.

《돈의 맛》의 저자 요시에 마사루는 삶이란 성공에 의미가 있기보다 인생에서 일어나는 일들을 어떻게 해석할지가 중요하다고 보았다. 스스로 행복하다는 것을 알게 된다면 인생이라는 게임을 마음껏 즐길 수 있게 된다. 편해진 마음가짐은 '우리가 감당해야 할 진정한 역할'을 찾게 하며, 좋은 에너지를 통해 더 이상의 불행을 끌어당기지 않게 된다고 한다.

사람마다 타고난 기질이 다르다. 어떤 일이든지 도전하고 성공하는 방법에 대한 정답은 없다. 그러나 어차피 나에게 주어진 일이라면 즐겁게 하는 것이 좋지 않은가? 그러기 위해서는 당신이 하는 일을 좋아해야 한다. 같은 일이라도 스스로가 좋아하는 마음을 갖고 하면 단순히 돈을 버는, 목적을 이루기 위해 억지로 노력하는 고통이 아니라 좀 더 안정감 있고 편안한 태도로 일을 바라볼 수 있게 된다. 그 믿음을 만들기 위해서는 명확한 목표, 두려움을 이겨내는 긍정적인 마음, 믿음을 잘 자라게 해줄 수 있도록 용기를 줄 수 있는 좋은 영향력을 가진 사람과 동행이 필요하다.

당신을 추앙합니다

어려운 상황에서도 잘 극복해내는 회복 탄력성이 있는 사람도 있지만 때로는 어려운 상태로 주저앉는 사람도 있다. 사람마다 삶에서 중요한 가치와 이겨내는 힘의 능력이 모두 다르다. 그렇기 때문에 모두가 똑같은 방식으로 도전하는 것은 의미가 없다. 아무리 훌륭한 사람의 조언과 좋은 제안이라 하더라도 자신에게 맞지 않는 방식은 독이 될 수 있다.

개인마다 추구하는 삶의 방향이 모두 다르다. 물론 당신의 생각이 늘 옳을 수만도 틀릴 수만도 없다. 내가 경험한 방식이 나에게는 성공적이었지만 모두에게 항상 명확한 답이 될 수는 없다. 따라서 중요한 것은 자신을 있는 그대로 받아들이고 단점에 매몰되기보다 장점을 강점으로 키우는 것이 좋다.

이미 내 몸 안에 습관으로 자리 잡은 장단점이 있다면 단점을 줄이는 것보다 장점을 키우는 것이 훨씬 하기 쉽고, 자신에 대해 느끼는 자긍심과 믿음만큼 성과도 따르게 된다. 아직 목표를 이루어보지 못한 사람들은 자신이 가진 능력을 충분히 믿지 않았기 때문이다.

최근 본 드라마의 대사 한 구절이 떠오른다. 〈나의 해방일지〉라는 드라마이다. 극 중에서 여자가 남자에게 "날 추앙해요"라는 대사를 말할는 장면이 나온다. 추앙한다는 말은 자신을 높이 받들고 우러

행복한 성공수업

러본다는 사전적 의미가 있다. 자신을 낮추며 다른 사람의 자존감을 높여주는 화법으로 쓰인다. 이 대사 한마디가 요즘 핫한 이슈가 되었다. 남자는 추앙은 어떻게 하는 거냐고 물었다. 그러자 응원하는 거, 뭐든 할 수 있다, 뭐든 된다, 응원하는 거라 했다.

나폴레온 힐이 늘 강조했듯이 어떤 목표든 마음에 품고 믿을 수 있다면 성취할 수 있다. 조금의 용기가 당신의 인생을 바뀌게 해줄 것이다. 지금 당신이 생각하기에 뭐 이런 게 장점이라 할 수 있나 하겠지만, 당신이 익숙해져 아무것도 아니라고 생각하는 것이 누군가에게는 그토록 갖고 싶은 모습이기도 하다.

그러니 당신도 현재의 모습에서 당당하게 맞서보았으면 좋겠다. 그것이야말로 당신의 인생이 바뀔 수 있는 절호의 순간이 될 것이다. 그러니 누군가의 화려해보이는 성공 앞에서 주눅 들지 않아도 된다. 당신이 믿는 만큼 꿈은 성취될 것이다.

"당신을 추앙합니다."

가본 사람과 안 가본 사람의 차이

"칭찬은 고래도 춤추게 한다"는 말이 있다. 우연히 나를 인정해주는 칭찬 한마디가 용기를 내는 힘이 되었다. 헤어디자이너의 꿈을 꾸었고, 지금은 많은 사람에게 인정과 지지를 받는다. 처음 미용을 가르쳐주었던 선생님은 내게 재능이 있다고 했다. 칭찬 한마디에 부푼 꿈을 꾸었다.

결국 서울로 올라와 가장 핫한 청담동에 취업했다. 스태프 시절 기술 교육을 받던 중에 담당 선생님의 말씀 한마디로 마음이 무너졌다. "민경이는 남들보다 더 많이 노력해야 하는 거 알지?"라는 말이 한순간 재능이 없다는 의미로 들렸다.

다시 포기해야 하는 걸까, 아니면 노력하면 된다는 건가, 다시 돌아가기는 어려웠다. 한번 노력해보기로 다짐했다. 실력이 더디게 늘거나 잘 안 될 때 노력을 많이 해야 한다는 말을 떠올리며 더 열심히 반복하며 더 많이 준비하려고 애썼다.

디자이너가 되기 전 탄탄한 실력을 갖추기 위해 큰 가방 안에 미용 도구를 챙겼다. 퇴근 후 맛있는 것을 사주면서 후배들을 우리 집으로 데리고 오기도 하고, 동네에 슈퍼 아주머니, 먼 거리에 있는 친척 집, 찜질방 등 가리는 곳 없이 나에게 모델이 되어준다면 어디든지 무료로 머리 시술을 해주었다. 남자 머리는 커트를 시술해볼 기회가 적어 군부대에 봉사활동도 다니며 익혔다. 어렵게 배운 덕분에 디자이너가 되어서도 잘 적응하고 다른 사람들에게 기술적 지식을 더 쉽게 전달하는 능력도 키웠다.

어려움은 극복하고 나면 단순히 힘들었던 일이 아닌 나만의 노하우가 된다는 것을 알게 되었다. 우연히 디자이너 교육을 하게 되었고 그 일이 계기가 되어 현재 대학에서 강의하는 기회로 이어졌다. 이후 실패에 대한 인식이 많이 바뀌었다.

성공 경험을 해본 지금의 나는 이렇게 말한다. 가보지 않은 길이라도 목적지까지 잘 도착할 수 있고, 목표를 이루다 보면 돈도 많이 벌 기회가 주어진다. 만약 실패하더라도 그 길을 가본 사람과 아닌 사람은 분명히 차이가 있다. 생각보다 성과가 부진하더라도 그것을 이루기 위해 노력하는 과정은 환산하기 어려울 정도의 가치가 있다. 그 경험은 새로운 도전에 디딤돌이 되기도 하고 다른 누군가에게 좋은 멘토가 되어주는 데 밑거름이 될 수 있다.

상황을 어떻게 받아들이는지에 따라 많은 것이 달라진다. 실패 경험은 두려움을 만들 수도 자신감을 떨어뜨릴 수 있다. 그럴수록 당당하고 솔직하게 자신을 인정해야 한다. 성공 경험으로 변화시키기 위해서 자신을 객관화하여 차근차근 노력해가면 된다.

그러다 보면 어느 순간 스스로에 대한 가치관이 분명해진다. 그것은 당신의 신념으로 자리 잡게 될 것이다. 그로 인해 세상을 바라보는 시선도 많이 달라져 있음을 알게 되고, 새로운 도전을 즐기는 여유를 가질 수 있게 될 것이다. 마음속 깊은 곳에 잠재되어 있던 꿈, 실패라고 예단하고 중단했던 일들을 다시 계획하여 도전해보자.

성실하게 일하고 잘 놀아라

헤어디자이너가 되었고, 어느덧 샵을 운영하게 되었다. 나를 믿는 마음이 커질수록 발전하고 싶은 꿈도 커졌다. 대학원에 진학해서 석사학위를 받고 강의하게 되었다. 강의 횟수가 거듭될수록 조금 더 발전하고 싶어져 박사과정까지 공부하였고, 누군가의 삶에 영향을 줄 수 있는 멘토가 되면서, 스스로 느끼는 삶의 가치는 점점 더 커졌다.

선생의 입장이 되다 보니 더 바르고 모범이 되는 사람으로 성장해야겠다는 생각이 들었다. 그 생각이 나의 삶을 다른 지평으로 끌어갔다. 어려운 상황에 있는 사람에게 나의 재능으로 봉사활동을 할 수 있는 기회도 만들었고, 원하는 인생을 아름답게 가꾸기 위해 새로운 일에 계속해서 도전하고 있다.

늘 도전하고 성장하려는 나를 보면 주위 사람은 늘 일에 몰두한다고 생각한다. 하지만 그렇지 않다. 항상 노력하며 일만 하고 살 수는 없다. 나의 경우 드라마도 보고 친구도 만나고 전화로 수다도 떨곤 한다. 그러면 잠은 언제 자는지 되묻는다. 하루에 무조건 7시간은 잔다. 다시 어떻게 그 많은 일을 할 수 있냐고 물어본다. 그 답은 시간을 잘 활용한 덕분에 가능했다고 생각한다.

나는 생산성 있게 살아가는 것을 지향한다. 일할 때는 열심히 일하고 놀 때는 제대로 놀아야 한다. 제대로 논다는 것은 춤추고 노래하는 유흥적인 것만이 아니라 본인이 진정 좋아하는 것을 하는 것이다. 《꿈만 꾸는 여자, 꿈을 이루는 여자》의 저자 김옥림은 노는 것과 일하는 것을 둘다 공통적으로 시간을 투자하고 생각을 집중해야 한다고 했다. 잘 노는 사람이 일을 더 잘한다는 연구 결과가 있다. 노는 것도 일의 능력을 높이는 에너지이다.

스태프로 근무할 때이다. 지금은 이런 방식의 면접은 없겠지만 그 시절 청담동 샵에 면접을 볼 때는 장기자랑을 하는 곳도 있었다. 일만 성실히 잘하면 되지 개성 있고 잘 노는 것이 무엇이 중요한가 생각했다. 그런데 시간이 흐르고 나니 노는 것과 일의 공통분모가 있다는 것을 알게 되었다. 내가 근무했던 곳에서는 입사 후 회식하게 될 때 신입들이 전체 직원들 앞에서 장기자랑을 해야 했다.

입사한 직원들은 하나같이 너무 잘 노는 것이다. 나도 친구들 사이에서는 잘 놀았다고 생각했지만, 동료들 사이에서는 위축될 정도였다. 그런데 신기하게도 일하는 부분에서도 비슷하게 닮아 있는 것이다. 마음속에서는 스스로 당당하다고 생각했는데 사람들 앞에서는 기가 죽는 내 모습이 보였다. 처음에는 스트레스를 많이 받았으나 차츰 그런 문화에 적응해갔다. 익숙할 즈음 조금씩 당당하게 변한 내 모습이 보였다. 스스로 당당해진 마음은 직원들과 고객과의 관계에서도 내가 중심이 될 수 있었다.

노는 것도, 공부하는 것도, 일하는 것도 모두 효율적으로 해야 한다. 무언가를 하나를 잘한다는 것은 다른 것도 잘할 확률이 높다는 의미이기도 하다. 예를 들어, 노는 것을 잘한다는 것도 가만히 아무 생각 없이 멍하게만 있는 것이 아니라, 음악을 들으며 쉰다든지 마사지를 받는다든지 아니면 책을 보거나 놀이동산을 간다든지 놀고 난 후 나의 에너지가 제대로 충전되는 것을 의미한다.

공부든 일이든 계속해서 열심히만 하고 휴식이 없으면 신체적인 균형이 깨진다. 어느 순간 집중력이 떨어진다. 열심히 했는데도 불구하고 원하는 결과가 나오지 않는다는 말이다. 열심히 하기로 마음먹었기 때문에 참고 계속 책을 들여다본다. 그러나 페이지가 넘어가지 않는다. 페이지가 넘어가더라도 집중력이 떨어져 기억에 남지 않는다. 그 순간에는 잠시 멈추고 휴식을 조금 갖는 것이 좋다.

균형이 무너지면 효율도 떨어진다. 잠시 쉬면 공부할 시간이 줄어들겠지만 걱정하지 않아도 된다. 잠시 휴식하면서 에너지 충전이 되면 집중할 힘이 생겨 오랜 시간 동안 투자한 것보다 훨씬 좋은 성과가 나타난다. 휘둘리지 않고 이끄는 삶을 살아가기 위해서는 일할 때는 노는 것처럼, 놀 때는 일하는 것처럼 해야 한다.

꿈만 꾸는 것보다
꿈을 이루는 사람으로

우리는 종종 일이나 인간관계 등 사람들로부터 나에 대한 평가를 받게 될 때가 있다. 내가 달라진 것도 없는데 같은 상황을 두고 다양한 평가를 받기도 한다.

《나는 꽤 괜찮은 사람입니다》의 저자 브라이언 트레이시는 집중의 법칙에 따르면 생각의 반복이 어느덧 정신의 일부가 되어 마음가짐과 행동에 영향력을 발휘한다고 하였다. 즉, 내가 하는 생각이 나를 만들어내는 존재라는 것이다.

스스로가 나를 어떤 사람이라고 평가하는지에 따라서 사람들의 평가도 좌우된다. 그 이유는 나를 알게 되면 좋고 싫은 것, 할 수 있는 것과 없는 것을 구별할 수 있게 되기 때문이다. 할 수 있을 것 같은 기대가 생기면 자신감도 생기게 된다. 자신감 있는 나의 태도에 따라 상대의 반응도 달라진다.

자신감이 생기게 되면 내 인생에서 무수히 많은 긍정적 변화를 경험할 수 있다. 먼저 나를 이해하고 알아야 한다. 그래야 스스로에 대한 믿음이 생기게 된다. 그 믿음이 기반이 되어야 꿈을 꿀 수 있고, 내가 기대하는 것들도 생긴다.

나를 이해하고 아는 것이 목표를 설정하여 노력하고 성공 경험을 하기 전에 선행되어야 할 가장 중요한 기본이다. 그러므로 나의 능력에 대한 믿는 마음을 가져야 한다.

하지만 어려운 일에 부딪히게 되면 해보겠다는 다짐보다 할 수 있을까에 대한 의심을 먼저 하기 마련이다. 실제로 해결할 수 있는 능력이 있더라 하더라도 못할 것 같다는 생각이 들면 부정적인 태도를 취하게 된다. 대부분 시작할 때는 계획을 꼼꼼하게 세우지만 금방 포기한다. 그런 태도들이 반복되면 습관 패턴이 될 수 있다.

다른 사람을 탓하며 결국 열등감에 빠지기 쉬운 환경에서 살게 된다. 목표도 중요하고 성공도 중요하지만 나를 알고 자신을 믿는 것이 필요하다. 먼저 자신을 이해해야 자신을 객관화할 수 있다. 나의 장점과 단점을 알고 나의 단점을 보완하여 더욱 단단하게 만들어갈 수 있다.

행복한 성공수업

당신도 못할 이유가 없다

똑똑하고 부족함이 없어 보이는 사람임에도 불구하고 잘 풀리지 않는 사람들이 있다. 이런 유형들의 원인을 보면 대체로 정서적, 심리적인 균형을 잘 유지하지 못했기 때문에 일어나는 경우가 대다수이다. 아무리 원칙에 잘 맞게 했더라도 본인의 감정을 컨트롤하지 못한다면 말짱 도루묵이 되기 때문이다. 차라리 게으르고 요령을 피우는 사람이라면 덜 억울할 것이다.

제임스 T. 무어는 마음에서 나온 생각들은 절대 끝나지 않는다고 했다. 당신 스스로가 원하는 목표를 이룰 수 있다는 믿음을 가져야 한다. 그것을 증명할 수 있는 사람은 오직 당신뿐이다. 자신에 대한 이해가 없이 단순히 목표 달성만을 위해 노력했다면 그건 모래성과 같다. 목표를 이루었다고 하더라도 계속해서 이어가기 어렵다. 단순하게 한 번의 목표 달성만을 위해서가 아니라 성공 경험을 하면서 당신의 마음가짐이 변화되면, 당신이 원하는 인생으로 바뀔 수 있다는 것이다.

예를 들면 언제까지 기한 안에 마치로 한 과제가 있다고 하자. 정말 기초부터 열심히 했다. 자료수집도 많이 했고 목차 구성까지 에너지를 쏟아내어 준비했다. 그러다가 갑자기 습관처럼 '발표를 못하면 어떡하지?'라는 생각이 떠오르면, 마무리해야 하는데 무기력해지기 시작한다. 그렇게 시간이 흐르면 마감 기한이 다 되어서 헐레벌떡 준비한다. 하지만 예상보다 시간이 더 필요하다 보니 결국은 마무리를 못 하게 되거나 완성도가 떨어지는 상태로 할 수밖에 없게 된다. 그 결과 상대방은 나에게 신뢰를 잃어버린다. 불행 중 다행으로 발표를 잘 마무리하더라도 상대가 나에게 느꼈던 이미지는 이미 각인되어 쉽게 회복하기 어려워진다.

여기서 중요한 것은 어쩔 수 없는 상황이 한 번으로 끝나지 않을 확률이 더 높다는 것이다. 이것 또한 습관으로 이어지기 쉽다. 본인 자신의 감정과 스트레스 관리를 하지 못한다면 하는 일에서도 문제가 생기지만 우리가 살아가면서 만나는 사람들의 관계까지에도 영향을 미치게 된다. 그러므로 우리는 목표를 이루기 위해 먼저 자신을 이해하고 아는 것이 중요하다.

분명한 것은 누구에게나 각자의 재능과 잠재력이 있기 때문에 당신이 진정으로 원한다면 그것이 무엇이든 이룰 수 있다는 것이다. 당신 주변에 꿈을 이룬 사람이 있다면 당신 또한 못할 이유가 없다.

자신이 되고 싶은 모습을 늘 상상하라

자신을 믿는 것이야말로 최고의 경쟁력이다. 사회에서 활동하다 보면 보이는 외적 이미지가 능력이 되는 것이 냉혹한 현실이다. 물론

시작은 내가 목표를 향해 노력했으나
어느 순간부터는 마음속에 잠재되어 있던 생각이
나를 목표를 향해 이끌어 갔다.

나의 신체에서 일상생활의 어려움을 줄 정도의 콤플렉스가 있다면 성형이나 여러 시술을 통해 나의 이미지를 높이는 것도 나쁘다고 생각하지 않는다. 그보다 더 중요한 것은 이 모든 것이 자신에 대한 믿음이 없이는 금방 무너진다는 것이다.

성형을 한 사람을 보면 너무나 예쁘다. 그러나 향기 없는 꽃처럼 그 사람만이 갖는 고유한 매력은 덜 느껴지기도 한다. 하지만 조금 덜 예쁘더라도 본인만의 가치관과 취향이 뚜렷한 사람은 향기가 있다. 자신이 하는 일에 열정적인 사람은 매력적이고 기억 속에 오래 남는다.

《꿈만 꾸는 여자, 꿈을 이루는 여자》의 저자 김옥림은 로마는 하루아침에 이루어지지 않았다는 속담처럼 성공한 이들은 꿈을 위해 많은 시간과 열정을 투자했기에 성취가 가능하다고 했다. 즉, 가치 있는 삶을 살기 위해 시간과 노력이 반드시 필요하다는 말이다.

자신을 믿는 힘이 얼마나 중요한지 안다. 인생의 가치를 중심으로 살아가는 삶은 눈에 쉽게 보이지도 않지만 절대로 하루아침에 만들어지지 않는다. 나의 경우 평소에 내가 되고 싶은 것들에 대해 자주 상상한다. 처음 미용을 시작하면서 꿈을 그렸고 최선을 다해 열심히 노력했다. 하지만 원했던 방향으로 모든 것이 이루어지지는 않았다.

우연히 집을 정리하다가 처음 취업할 때 작성했던 이력서가 눈에

행복한 성공수업

띠었다. 신기한 일은 지금까지 내가 이뤄낸 것들이 처음 시작할 때 꿈꿨던 이미지였다는 것이다. 거기에는 부와 명예를 갖춘 유명한 디자이너가 되고 싶다는 내용, 누군가에게 도움이 되고 싶은 사람이 되고 싶다는 내용, 내 샵을 운영하고 싶다는 내용, 심지어 이미 샵을 가진 것처럼 내부 인테리어는 어떻게 할 것인지 그려놓은 것도 있었다.

밥 프록터는 내가 목표를 향해 움직이면 목표도 나를 향해 움직인다고 했다. 지금까지 내가 이뤄낸 꿈들은 오래전부터의 내 마음과 생각으로부터 온 것이었다. 시작은 내가 목표를 향해 노력했으나 어느 순간부터는 마음속에 잠재되어 있던 목표가 나를 이끌어간다는 것을 깨닫게 되었다. 마음과 생각이 상상의 이미지를 만들었고, 꾸준한 노력을 통해 꿈꾸는 방향으로 이미지가 변화하였다. 그에 따른 행동도 변화되어 삶도 변화되었다.

가치

나에 대한 확신을 가져라

우리는 어려움에 닥쳤을 때 내가 해낼 수 있을지에 대해 의심을 한다. 실제로 할 수 있는 능력이 있다고 하더라도 자기 효능감이 낮은 사람은 스스로가 못할 것 같다고 생각하기 마련이다. 그 생각으로부터 부정적인 태도를 보이기도 한다. 그래서 쉽게 포기하게 되고 다른 사람을 탓하며 열등감에 빠지기 쉽다.

행복한 성공을 하기 위해서는 가장 중요한 한 가지가 있다. 나를 믿는 마음, 즉 나에 대한 확신을 가지는 것이다. 《의미 있는 삶》의 저자 알렉스 룽구는 진정한 나의 삶을 살아가기 위해 어떤 결정을 할 때 '자아 확장'이 기준이 된다고 하였다.

나에 대한 확신을 갖고 내가 하고자 하는 일의 가치를 찾을 때 삶이 의미 있게 되고 행복한 감정을 느낄 수 있다. 행복한 감정을 통해 긍정적인 방향으로 생각할 힘이 생긴다. 그 생각은 행동으로 이어져

행복한 성공수업

자신감을 키워준다. 이런 요소들이 충족될 때 더더욱 행복한 감정을 느끼며 건강한 삶을 살 수 있다.

'네가 나를 모르는데 난들 너를 알겠느냐 한 치 앞도 모두 몰라 다 안다면 재미없지!'

1990년대 가수 김국환의 〈타타타〉라는 노래의 첫 소절이다. 우리는 정작 자기 자신은 어떤 것을 원하는지도 모르면서 상대방은 다 아는 것처럼 판단하려 한다. 자기 자신은 다 안다고 착각하고 관찰하려 하지도 않는다. 가끔은 남들이 보는 나의 모습이 더 정확할 때가 있기도 하다.

많은 사람이 SNS를 마케팅에 활용하기도 하고 나의 일상이나 관심 있는 이미지들을 올린다. 처음 올릴 때는 나 자신의 만족으로 올리지만 올리고 난 후는 달라진다. 내가 올린 글이나 이미지 사진들을 보고 사람들의 반응을 신경 쓰는 것이다.

'좋아요'를 눌러주거나 댓글을 달아주면 행복하기도 하고, 관심을 받지 못하면 우울한 감정을 느끼기도 한다. 댓글의 내용이 긍정적일 때 내 생각보다 상대방에게 좋은 반응을 더 얻고 싶어 한다. 그러다 보면 점점 자기 생각보다 상대방이 좋아하는 방향으로 열심히 행동하게 된다.

내 인생은 온전히 나의 것

어느 순간 남들이 바라보는 나와 내가 희망하는 내 모습이 뒤죽박죽 섞여 진정으로 내가 원하는 것이 무엇인지도 잘 모르는 경우가 더 많다. 가끔은 남들이 보는 나의 모습이 더 정확할 때도 있다. 이럴 때에는 스스로 진정 원하고 바라는 모습과 행동하는 모습의 차이를 알아차리는 것이 중요하다.

내 인생은 나를 위한 것인데도 불구하고 우리는 다른 사람의 평가나 시선에 대해 민감하게 반응한다. 한번은 어떤 고객이 소개를 받고 찾아왔다. A 형태의 헤어스타일을 원했다. 상담 결과 잘 어울릴 것 같았고 결과도 예쁘게 나왔다. 만족하고 돌아갔다. 그런데 며칠이 지나서 연락이 왔다. 머리를 좀 더 수정했으면 한다는 것이다. 분명 예쁘게 완성되었고, 본인도 흡족해서 갔는데 의아했다. 이후 다시 나를 찾아왔다. 다시 방문했을 때의 머리 형태도 잘 어울려 보였다.

어느 부분이 마음에 안 들었는지 물었다. 그러자 그 고객은 처음 나와 상담하지 않았던 스타일로 이야기를 하는 것이다. "지금 말씀하신 스타일은 지난번에 헤어스타일 상담했을 때와 완전히 반대되는 형태에요."라고 설명을 했다. 그러자 그 고객은 "사실 지난번에 내가 하고 싶었던 스타일을 상담하고 진행해서 마음에 들었어요. 그런데 집에 가니 남편이 헤어스타일이 안 어울린다고 했어요. 남편은 지적인 느낌이 나는 스타일을 하기 원해요."라고 말했다. 고객은 심지어 옷이나 생활의 많은 부분이 남편 혹은 주변 사람의 의견에 맞추어져 있는 분이었다.

헤어스타일 하나도 본인 마음대로 못 하는 사람이 있나 싶지만 생각보다 많은 사람이 다른 사람의 평가에 영향을 받으며 살아가고 있다고 해도 과언이 아니다. 우리는 때론 타인의 평가에 민감하게 반응하고 그 평가에 맞춰서 이끌려가기 때문에 어떤 것도 만족하지 못하는 경우가 많다.

예를 들어보면 50대인 B는 긴 머리 형태가 좋다고 해보자. 그런데 B의 주변에 모두 짧은 머리 형태의 사람들이 많다면 어떨 것 같은가? B의 주변 사람들은 긴 머리 형태를 유지하는 사람을 나이에 맞지 않는다고 생각할 가능성이 크다. B는 긴 스타일이 더 잘 어울림에도 불구하고 짧은 스타일을 권유받는다. 그 순간 스스로가 더 잘 어울린다고 생각했던 것이 틀렸다고 판단한다. 그러니 여러 곳의 헤어샵을 바꿔가며 스타일을 도전해도 마음에 들기가 어렵다. 설사 만족했다 하더라도 다른 사람들의 말 한마디에 금세 만족이 불만족으로 바뀌기도 한다.

그렇다고 다른 사람의 평가가 의미 없다는 것은 아니다. 다른 사람의 평가도 존중하지만, 본인이 좋아하고 원하는 것이 확실한 사람은 주변의 평가도 달라지는 경우가 많다. 이는 단순히 헤어스타일뿐만 아니라 모든 일과 삶에서도 적용된다.

스스로가 올바르다고 생각하는 일에
진심으로 원하는 방향을 향해 살아간다면
다른 사람들도 거기에 동참한다.
그 마음으로 행동한다면
스스로 세상에 우뚝 설 힘이 만들어진다.

행복한 성공수업

원하는 것이 분명한 사람들은 자신이 생각했던 것과 달랐더라도 새로운 변화를 받아들이는 것에 긍정적인 경우도 있다. 위의 내용과 같은 상황을 줬다 하더라도 본인의 것으로 만들어간다. 이럴 경우 주위 사람들의 반응은 달라진다. "나도 머리 길러 보는 게 로망인데 B는 정말 잘 어울리네요"라고 말하는 경우가 더 많다.

《자기 신뢰》의 저자 랄프 왈도 에머슨은 가장 좋은 배라 할지라도 항해할 때는 백 개의 지그재그 항적이 생기지만 충분히 떨어진 거리에서는 평균적인 직선으로 펴진다고 한다. 즉, 내가 진심으로 원하는 방향으로 살아간다면 다른 사람들도 거기에 동참한다는 것이다. 다만 스스로가 올바른 일이라고 생각하는 것이 기준이 되어야 한다. 그런 마음을 기반으로 행동한다면 그 사람의 태도가 되고 성품이 만들어진다. 그로 인해 스스로가 세상의 중심에 우뚝 설 힘이 만들어진다. 내 인생은 온전히 나의 것이다.

남이 아닌 자기만의 소신으로 판단하라

가끔은 생머리에서 웨이브 머리 형태로 변화를 주면 주위에서 어떤 사람은 생머리가 낫다, 또 어떤 사람은 웨이브가 더 잘 어울린다고 한다. 그 이야기를 한 고객님께 웨이브가 더 잘 어울린다고 하는 사람의 모발이 어떤지 물어보면 대부분 모발이 가늘고 힘이 없는 경우가 많다.

반대로 생머리가 더 잘 어울린다고 말한 사람들은 곱슬머리 모발을 가지고 있는 경우가 많다. 곱슬머리 모발인 사람들은 부슬거리는 것을 무척이나 싫어해서 깨끗하게 정돈된 상태여야 예뻐 보이는 것이기 때문이다. 이처럼 정말 나에게 어울리는 것보다는 말하는 사람 본인의 생각이 반영되어 상대적인 이야기를 하므로, 다른 사람의 말에 너무 민감하게 반응하지 않아도 된다.

내 모습 있는 그대로 인정하고 받아들일 수 있는 만큼 행복한 것은 없다. 삶을 자신이 잘 이끌어가기 위해서는 자기 효능감이 중요하다. 자기 효능감이 높은 사람일수록 어떤 상황에서도 중심을 잘 잡고 긍정적인 방향으로 나아가기 때문이다.

자기 효능감은 캐나다 출신의 미국 심리학자인 앨버트 반두라에 의해 알려진 이론이다. 그는 자기 효능감이 행동을 결정할 때 중요한 역할을 한다고 하였다. 즉, 자기 효능감이란 어떤 상황에서 적절하게 행동을 할 수 있다는 자기 능력에 대한 믿음과 기대, 할 수 있다는 판단과 신념을 말한다.

자기 효능감이 높은 사람은 도전할 과제가 있을 때 쉽게 포기하지 않는다. 큰 노력을 기울여 더 나은 성과를 만들고 싶어 한다. 이들은 성공에 대한 믿음과 나를 응원해주는 사람들을 통해 어려움을 극복하여 도전한다. 그 결과를 통해서 얻게 되는 자신감은 자기 효능감을 더 높여준다.

목표를 이루는 과정에서의 성취 경험은 중요하다. 그러나 우리가 모든 것을 경험해 볼 수는 없다. 그럴 때는 자신이 꿈꾸는 방향을 먼저 이룬 사람들을 통한 대리경험이 자기 효능감에 영향을 준다.

자신이 하는 일들이 사회적으로 설득되어야 한다. 그래야 그 일에 의미를 부여하고 가치 있게 되어 자기 효능감이 높아지게 된다. 그런 다음의 정서적, 심리 상태가 좋을 때 자기 효능감이 유지되고 높아진다. 성취 경험은 꼭 필요하고 중요하다. 작더라도 목표한 일에 성공 경험이 있는지가 중요하다. 직접 겪어본 경험은 원하는 목표로 가는 길에 튼튼한 다리가 되어주기 마련이다.

목표로 정한 일에 대해 그 분야에 성공한 사람을 롤 모델로 정하자. 성공한 선배를 통해 대리경험을 할 때 실패의 확률이 줄어들고, 실패했을 때 일어나는 힘도 생길 수 있다. 먼저 성공한 사람들도 완벽하지는 않았을 것이다. 성공한 부분은 가이드라인으로 활용하여 따라가고, 아쉬운 부분은 수정하고 보완하여 개선해서 가면 조금 더 안정적으로 목표를 이루는 데 도움이 된다. 성공한 사람이 밟아간 경험을 관찰해보면서 나도 노력하면 할 수 있을 거 같다는 믿음을 통해 자기 확신을 가져야 한다.

자신을 믿는 순간 꿈꾸던 인생으로 바뀐다!

불빛 한 점 없는 지난밤의 어둠을 뚫고 아침이 밝아왔다. 밤이 오면 또다시 아침이 찾아오는 자연의 이치처럼 어두웠던 그림자를 지우고 마음속에 품었던 소망이 이루어졌다. 현재 나는 다양한 직업을 갖고 있다. 헤어디자이너, 교수, 이미지컨설턴트, 그리고 새롭게 도전한 작가까지.

매일 하루, 나에게 주어진 시간에 감사하다. 내가 누군가를 보며 꿈을 꾸었듯이, 지금은 성장한 내 모습을 보며 나처럼 되고 싶다고 꿈을 꾸는 사람들이 생겼다. 특이함이 특별함으로 성장하는 여정 속에 여러 시행착오를 겪었다. 성공과 실패의 경험들이 쌓여 변화되는 과정 안에서 나의 정체성을 찾았다. 어려움을 극복해나가는 힘, 두려움을 이겨내고 도전해 보는 용기, 행동으로 이끌어가는 마음은 나를 믿는 그 순간부터 가능하게 되었다.

시골에서 무작정 올라와 유명해지는 것만이 성공이라고 믿었다. 목표를 이뤄가면서도 과연 내가 원했던 것일까? 꿈을 이룰 수 있을까? 어려움에 부딪힐 때마다 흔들렸다. 우연히 '생각을 바꾸면 인생이 바뀐다'는 글이 눈에 띄었고, 나에게 번뜩임을 주었다. 나도 모르는 사이 무의식적으로 부정적인 생각을 더 많이 하고 있음을 알게 되었다. 그날 이후부터 매일 거울을 보며 의식적으로 긍정적인 생각을 했다.

처음부터 쉽지만은 않았다. 작은 성공 경험을 하면서 만족감을 느꼈다. 하나씩 보면 아주 사소한 성공 경험이지만 시간이 흐를수록 두각을 나타냈다. 조금씩 내가 좋아지기 시작했다. 두려운 마음으로부터 자유로워질 수 있었던 바탕에는 나 자신을 믿는 마음이 있었다. 변화된 생각들은 삶의 가치와 신념을 만들어 주었다. 신념은 나의 무너진 자존감을 회복시켜주었고, 작은 성공 경험들이 자신감을 쌓아주었다. 온전히 내 삶의 주인이 되어 도전을 즐기며 살아가는 방법을 알게 되었다.

모두가 꿈을 꾸고 도전한다. 누군가는 성공하기도 하고 실패하기도 한다. 많은 것을 이루었어도 성공했다고 느끼지 못하는 사람도 있고, 성공했더라도 행복을 느끼지 못하고 불안해하는 사람도 있다. 자기 삶 안에서 진정한 성공을 찾기 위해서는 먼저 자기 자신을 이해해야 한다.

너는 커서 뭐가 될래?

부모의 말은 덮어놓고 모든 일을 반대로 하는 청개구리가 있었다. 지금까지처럼 당연히 반대로 행동할 것이라 생각한 엄마는 죽기 전 강가에 묻어달라고 유언한다. 청개구리는 자신이 부모에게 불효했다는 사실을 깨달았다. 이번만큼은 꼭 엄마의 바람대로 하기로 다짐했다. 강가에 엄마를 묻은 청개구리는 비가 오면 무덤이 떠내려갈까 걱정에 슬프게 울었다는 설화가 있다.

"너는 커서 뭐가 될래?"라는 말을 수없이 많이 들었다. 어릴 적 나는 청개구리 같은 마음이었다. 어린 시절 아빠는 슈퍼마켓, 엄마는 미용실을 운영하셨다. 나와 늘 가까운 곳에 계셨지만 너무 바쁘셨다. 자식들을 잘 키우기 위해 최선을 다하셨지만 부모님으로부터 나를 온전히 이해받고 사랑받기를 원했다.

어디선가 음악소리가 들렸다. 그 소리를 따라 갔다. 피아노 학원이었다. 어린 꼬마는 문 앞에 쪼그리고 앉아 연주를 들었다. 6살, 처음으로 피아니스트가 되는 꿈을 꾸었다. 모두의 부모님들이 원하는 것이겠지만 우리 부모님 역시 공부를 잘해서 보편적인 직업을 갖고 주말을 즐기며, 좀 더 편안하고 안정적인 삶을 살기를 바라셨다.

공부 잘하기를 기대하는 부모님을 설득하기는 어려웠다. 음악은 공부를 해야 할 수 있는 조건부였다. 내 마음을 알아주지 않는다고 생각하면서 점점 부모님과 부딪혔다. 잘하고 싶은 마음은 있었지만,

행복한 성공수업

한 가지 문제가 풀리지 않을 때마다 열심히 하기보다 빨리 포기했다. 나보다 잘하는 친구들이 보이면 더욱 자신감을 잃어버렸다. 어린 시절 늘 포기하는 패턴의 삶을 살았다.

고등학생이 되었다. 친구가 장난삼아 반장으로 나를 추천했다. 얼떨결에 반장이 되었다. 그 이후 나도 모르게 조금씩 행동이 변했다. 학년이 끝날 무렵 담임선생님이 나를 불렀다. "사실 민경이가 반장이 되어 불안한 마음으로 지냈는데 잘 해줘서 고맙다"고 하시면서 2학년 담임선생님께 나를 적극 추천했다고 하셨다.

"민경이는 카멜레온 같은 사람이야."

처음이었다. 누군가로부터 칭찬을 받고 나의 존재를 인정받는다는 사실이 좋으면서도 얼떨떨했다. 선생님은 나에게 공부 빼고 다 잘한다고 하셨다. 그때부터였다. 공부 빼고 무엇이든 열심히 했다. 고등학교 시절, 우연하게 반장이 된 이후부터 나의 삶은 내면의 많은 변화를 겪으며 성장했다.

말의 힘은 참으로 위대하다. 누군가의 사소한 칭찬이 어느 누군가에게는 실로 희망의 씨앗이 되기도 한다.

운명은 이렇게 문을 두드린다.

나의 변화에도 불구하고 집에서는 여전히 문제아였다. 이미 부모님에게 각인된 이미지를 회복하기는 쉽지 않았다. 삐뚤어지고 싶었다. 반항하고 싶은 마음에 엄마처럼 고생하고 살겠다며 미용을 선택했다. 처음에는 반대했지만, 이 직업은 굶어 죽지는 않을 거라며 미용학원에 등록해주셨다. 고등학교 2학년 17살, 미용에 첫발을 내딛었다.

아르바이트를 하던 미용실에 낯익은 손님이 왔다. 대학교 축제 때 게스트로 초대받아 행사에 참여한 적이 있었다. 그때 알게 된 교수님이었다. 대학에 뜻이 없던 나에게 머리하는 동안 많은 가능성을 이야기 해주셨다. 그때는 몰랐다. 공부와 이렇게 인연이 깊어질 것이라는 것을. 가능성의 문을 열어준 교수님 덕분에 공부와의 끈을 이어갔다.

경북전문대학교 뷰티케어과를 졸업하고 대학원에 진학하기로 마음먹었다. 대학원을 가기 위해서는 편입을 해야 했다. 그 당시 샵을 운영하고 있었기 때문에 사이버대학을 통해 학위를 받았다. 졸업 후 건국대학교 교육대학원 미용교육학과에 진학해서 교육학 석사학위를 취득했다. 졸업과 동시에 모교인 경북전문대학교에서 교수가 되었다.

몇 년이 지난 후 건국대학교 교육대학원에서도 강의를 하게 되었다. 석사과정 지도교수님의 권유로 생각지도 않았던 박사과정을 지원했다. 강의와 공부, 샵 운영까지 너무도 바쁘고 고된 시간이었지만 내가 선택했기 때문에 즐거웠다. 몇 년의 시간이 흘렀다. 건국대학교 일반대학원에서 향장생물학전공 이학박사 학위를 받았다. 꿈을 향해 걸어가는 길 곳곳에 나를 이끌어줬던 멘토들의 한마디는 내 인생의 훌륭한 지도가 되어주었다.

좀 더 자유롭고 행복한 삶을 살기 위해서는 전문성을 갖추는 것이 필요하다. 물론, 경제적인 부분이 뒷받침되어야 하겠지만 경제적 성공이 1순위가 되어서는 안된다. 겉으로 보기에 다양한 직업을 가졌다고 보이겠지만, 그 뿌리에는 성장해가는 동안의 경험과 기술적인 노하우가 쌓였기 때문에 이를 기반으로 꿈을 더 확장시켜 나갈 수 있었다.

꿈을 이루기 위해서는 작은 성공 경험이 필요하다. 긍정적 경험들은 도전하고 싶은 열망과 기대로 발전해 계속해서 목표를 이룰 수 있게 하는 동기가 된다. 이를 통해 자신에 대한 믿음이 확고해지면 자신감이 생기고, 어려움이 다가와도 극복하는 힘이 단단해진다. 당신도 이 책을 통해 행복한 성공의 방향을 찾아 꿈을 이룰 수 있을 것으로 생각한다.

본서에서 담고 있는 이론적 지식은 오랜 시간 교육학, 심리학에서 검증된 내용을 기반으로 저자의 의견을 추가해 조금 더 이해하기 쉽고 실제 생활에 적용할 수 있도록 하기 위해 응축하였다.

나의 롤모델인 나폴레온 힐, 밥 브룩터, 에밀 쿠에, 데일 카네기,

브라이언 트레이시, 스티븐 코비, 보도 섀퍼 7명의 거인들의 어깨에 올라타 새로운 도전을 해보았다. 나도 했으니 당신도 가능할 것이다. 작지만 나의 어깨 위에 올라타 진정으로 당신이 원하는 꿈의 방향을 잘 찾고, 꿈을 이루며 사는 사람이 되기를 응원한다.

인생에서 가장 큰 성공은 행복한 삶을 느끼며 살아가는 것이다. 많은 것을 가졌다고 해서 행복한 것이 아니다. 원하는 것을 얻었음에도 행복하지 않을 수 있다. 다양한 역경이 찾아와도 내가 무엇을 위해 어디로 나아가야 하는지 방향을 잃지 않기 위해서는 자신의 선택을 믿어야 한다. 좋은 생각이 좋은 일을 끌어당긴다는 사실을 꼭 기억하기를 바라며 글을 마친다.

참고문헌

- 《걱정을 중단하고 삶에 뛰어들기》, 데일 카네기, 필맥
- 《결국 당신은 이길 것이다》, 나폴레온 힐, 흐름출판
- 《결단》, 롭 무어, 다산북스
- 《결정을 해야 뭐라도 하지》, 네모토 히로유키, 유노북스
- 《결국 해내는 사람들의 원칙》 앨런 피즈, 바바라 피즈, 반니
- 《계획이 실패가 되지 않게》, 이소연, 다산북스
- 《그릿》, 앤절라 더크워스, 비즈니스 북스
- 《꿈만꾸는 여자, 꿈을 이루는 여자》, 김옥림, 팬덤북스
- 《나는 꿈이 있어 멈추지 않는다》, 권혜영, 굿인포메이션
- 《나는 99번 긍정한다》, 송경애, 위즈덤하우스
- 《나를 믿는다는 것》, 나다니엘 브랜든, 스마트비즈니스

- 《노이즈》, 대니얼 카너먼, 올리비에 시보니, 캐스 선스타인, 김영사
- 《놓치고 싶지 않은 나의 꿈 나의 인생 1, 2, 3》, 나폴레온 힐, 국일미디어
- 《느리지만 강력한 힘, 끈기》, 정용기, 북랩
- 《달리기, 몰입의 즐거움》, 칙센트 미하이, 크리스틴 웨인코프 듀란소, 필립 래터, 샘터
- 《더플러스》, 조성희, 유영
- 《돈의맛》, 요시에 마사루, 포레스트북스
- 《두려움을 이기는 습관》, 나폴레온 힐, 니들북
- 《릿잇업》, 리처드 와이즈먼, 웅진지식하우스
- 《마지막 몰입》, 짐 퀵, 비즈니스북스
- 《멈추지마, 다시 꿈부터 써봐》, 김수영, 꿈꾸는 지구
- 《멘탈이 무기다》 스티븐 코틀러, 세종서적
- 《몰입》, 미하이 칙센트미하이, 해냄
- 《몰입》, 황농문, 알에이치 코리아
- 《미러》, 루이스 L. 헤이, 센시오
- 《미루기의 천재들》, 앤드루 산텔라, 어크로스
- 《성공하는 사람은 생각이 다르다》, 김양호, 비전코리아
- 《생각에 관한 생각》, 대니얼 카너먼, 김영사
- 《생각대로 살지 않으면 사는대로 생각하게 된다》, 은지성, 황소북스
- 《생각을 바꾸면 모든 것이 변한다》, 제임스 알렌, 이너북
- 《생각의 각도》, 이민규, 끌리는 책

행복한 성공수업

- 《생각의 시크릿》, 밥 프록터, 그레그 레이드, 진성북스
- 《생각하라 그러면 부자가 되리라》, 나폴레온 힐, 와일드북
- 《생각하라 그러면 부자가 되리라》, 나폴레온 힐, 반니
- 《습관의 알고리즘》, 러셀 폴드랙, 비즈니스북스
- 《습관의 재발견》, 스티븐 기즈, 비즈니스북스
- 《시간관리와 자아실현》, 유성은, 중앙경제평론사
- 《시크릿》, 론다번, 살림Biz
- 《신념의 마력》, 클라우드 M. 브리스톨, 지성문화사
- 《스캣》, 권업, 한국경제신문사
- 《아주 보통의 행복》, 최인철, 21세기북스
- 《아주 작은 목표의 힘》, 고마다 미쓰오지음, 스몰빅라이프
- 《아주 작은 습관의 힘》, 제임스 클리어, 비즈니스북스
- 《어떻게 행복한 성공을 할 수 있을까》, 데일 카네기, 와일드북
- 《어른답게 말하다》, 강원국, 웅진지식하우스
- 《여덟가지 삶의 태도》, 나폴레온 힐, 흐름 출판
- 《결국 해내는 사람들의 원칙, The Answer》, 앨런피즈, 바바라피즈, 반니라이프
- 《위대한 발견》, 밥 프록터, 생각의 정원
- 《의미 있는 삶을 위하여》, 알렉스 롱구, 수오서재
- 《자기관리론》, 데일 카네기, 현대지성
- 《자기신뢰》, 랄프 왈도 에머슨, 현대지성

- 《자기암시》, 에밀 쿠에, 하늘아래
- 《자신감 쌓기 연습》, 데이비드 로렌스 프레스턴, 작은 씨앗
- 《자신감 수업》, 수잔 제스퍼, 마인드빌딩
- 《자존감 수업》, 윤홍균, 심플라이프
- 《작은 시작의 힘》, 필리프 바르트, 와이즈맵
- 《잠재의식의 힘》, 조셉 머피, 미래지식
- 《직관》, 은지성, 황소북스
- 《칭찬의 힘》, 데일 카네기, 이채윤 엮음, 상상나무
- 《프레임》, 최인철, 21세기 북스
- 《피터드러커의 자기경영노트》, 피터 드러커, 한국경제신문사
- 《해빗》, 웬디 우드, 다산북스
- 《하버드 행동력 수업》, 가오위안, 가나 출판사
- 《회복탄력성》, 김주환, 위즈덤 하우스
- 《SELF TALKING》, 섀드 헴스테터, 정경옥 옮김, 에코비즈

행복한 성공수업

행복한
성공수업

초판 1쇄 인쇄 _ 2022년 10월 5일
초판 1쇄 발행 _ 2022년 10월 10일

지은이 _ 김민경

펴낸곳 _ 바이북스
펴낸이 _ 윤옥초
책임 편집 _ 김태윤
책임 디자인 _ 이민영

ISBN _ 979-11-5877-310-6 03190

등록 _ 2005. 7. 12 | 제 313-2005-000148호

서울시 영등포구 선유로49길 23 아이에스비즈타워2차 1005호
편집 02)333-0812 | 마케팅 02)333-9918 | 팩스 02)333-9960
이메일 bybooks85@gmail.com
블로그 https://blog.naver.com/bybooks85

책값은 뒤표지에 있습니다.

책으로 아름다운 세상을 만듭니다. — 바이북스

미래를 함께 꿈꿀 작가님의 참신한 아이디어나 원고를 기다립니다.
이메일로 접수한 원고는 검토 후 연락드리겠습니다.